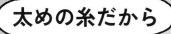

太めの糸だから

はじめてでもスイスイ&かわいい

かぎ針編み小物

LiLi nana*

西東社

はじめに

こんにちは。LiLi nana* です。
まずは、こちらの本をお手にとっていただきありがとうございます。

この本を作るにあたり、編み物を始めたばかりの方が
どんどんステップアップでき、「自分にもこんな物が編めるんだ！」
「編み物って楽しい！」って思っていただけたらいいな！
などと思いながら編みました。

最初は、失敗してもいい。不格好でもいいんです。
ちょっと始めてみようかなって思うきっかけになればうれしいです。

はじめから失敗なくきれいに編める人なんてなかなかいません。
私もいまだに失敗のくりかえしです。
でもたった1本の糸が、マフラーや帽子などの形になるって
不思議だし、すごいことだなって思うんです。
そんな不思議な感覚や、編めたとき、できあがったときの喜びを
この本で感じていただけたら幸いです。

一緒に編み物 Life を楽しみましょう☆

LiLi nana*

太めの糸だから

はじめてでもスイスイ&かわいい
かぎ針編み小物

CONTENTS

PART.1

100円糸で編むレッスンアイテム

PART.2

かぎ針編みのかわいい小物

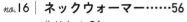
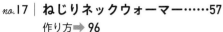
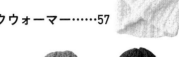

本書の特徴と見方

PART.1では、100円ショップの糸を使って気軽に編める5作品を紹介。この中で、かぎ針編みの基本ともいえる「くさり編み」、「こま編み」、「長編み」、「増し目」などをプロセス写真でレクチャーします。

PART.2では、PART.1で習得した編み方を中心に、少し編みごたえのある作品を紹介。ポイントになる部分はプロセス写真で解説、新しい編み方もしっかりサポート。

全ての作品に、LiLi nana*本人による動画解説つき。指定のアドレス、またはQRコードから見ることができます。

編み方テキストの①と、プロセス写真の 編み方1 は連動しています。テキストではわかりにくい部分も写真を見れば一目瞭然です。

写真は大きく、手元に寄っているので針と糸がしっかり見えます。

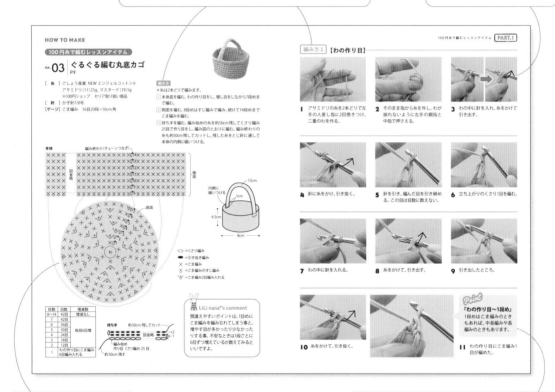

編み図は大きく、色つき。途中で糸を変える場合も迷いません。

プロセス写真には Point と ☑CHECK の吹き出しがあります。特に重要な部分や気をつけたい部分などを解説しています。

動画解説
全ての作品を動画で解説。
以下のアドレス、QRコードからご覧ください。

https://www.seitosha.co.jp/kagibari_lilinana

PART.1

100円糸で編むレッスンアイテム

100円ショップの糸で気軽に編めるアイテムを、
たっぷりのプロセス写真でレクチャーします。
初心者の方はまずここから編んでみてください。
道具や用具など、かぎ針編みの基本についても
解説しています。

Let's get started!

no. 01

くさり編みとこま編みで編む
コースター

はじめての人はまずこの作品
から編んでみて！　かぎ針編
みの基本となる2つの編み方
「くさり編み」と「こま編み」
をマスターしましょう。

作り方 ➡ P.16

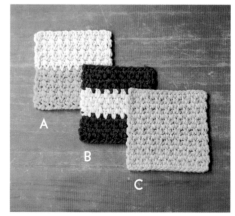

A
B
C

no. 02

長方形に編むカゴ

底を長方形に編んでから側面
をぐるぐると編みます。この
編み方をマスターすれば、バッ
グなどの大物も作れるように
なります。

作り方 ➡ P.22

no. 03

ぐるぐる編む丸底カゴ

中心から目を増やしながら、
円になるようにぐるぐると編
んでいきます。この作品で丸
い形を編むときの基本を身に
つけましょう。

作り方 ➡ P.26

no. 02

no. 03

no. **04**

こま編みだけで編む
ポシェット

「こま編み」でまっすぐ編んで、
左右をとじ合わせるだけでこん
な素敵なポシェットに！　目数
や段数を変えて、自分好みにリ
サイズすることもできます。

作り方 ➡ P.32

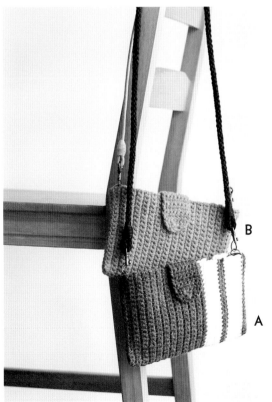

no. **05**

方眼編みの巾着バッグ

「くさり編み」「こま編み」「長編み」の３つだけの組み合わせでこんなにかわいい模様になります。かぎ針に少し慣れたらチャレンジしてみてください。

作り方 ➡ P.38

かぎ針編み を始める前に

かぎ針編みはかぎ針と糸さえあればすぐに始められる手軽さが魅力。
他にも用意しておくと便利なものや針と糸の持ち方、編み図の見方など、
あらかじめ知っておくと安心できる情報を集めました。

準備1 道具を揃える

かぎ針

糸を編むための針。針のサイズは2/0号から10/0号まであり、針が太くなるほど数字が大きくなります。10/0号以上はmmで表記され、本書では7mm、8mmと10mmを使用。

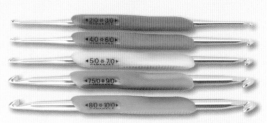

ハマナカ　アミアミ両かぎ針ラクラク

ハマナカ　アミアミかぎ針〈竹製〉

とじ針

糸端の始末や編み地をとじ合わせる際に使用。

メジャー

編み地の長さやゲージ（P.15参照）を測る際に使用。

手芸用ハサミ

糸を切る際に使用。小型の工作用バサミでも代用可。

段数マーカー

編み目の目印に使用。外れにくいクリップタイプが便利。

まち針

編み地をとじ合わせたり、編み地を伸ばしてアイロンをかける際に使用。

仕上げはスチームアイロンで

作品が仕上がったら、スチームアイロンをかけましょう。編み地から少し離してスチームを当てると、形や編み目が整います。かけ方はP.109を参考に。

糸を知る

ラベルをチェック！

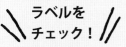

1玉分の重さと長さ。

秋冬向きのウールやアクリル、春夏向きのコットンなどさまざまな種類がある。

その糸に合う針の太さを表示。本書では主に7/0号以上の太めの針と糸を使用。

参考使用針で編んだときの標準的なゲージ（P.15参照）。

品 質	ウール〈WO〉…70% アクリル〈PC〉…30%		参 考 使用針	棒 針 13〜15号 かぎ針 10/0号
標準状態 重 量	40g（糸長 約50m）		標 準 ゲージ	棒 針 12〜13目16〜17段 かぎ針（長編み）12目6段
			使用針	ハマナカアミアミ手あみ針

ハマナカ アメリー エル〈極太〉

お取扱い方法

洗濯の注意や取り扱い方法。

↑矢印の方向へ糸を引き出してお編みください。

製造発売元 ハマナカ株式会社 京都市右京区花園藪ノ下町2番地の3 TEL (075) 463-5151 (代) hamanaka.co.jp

万一事故品がありましたら、ラベルを添えて、お求め先でお取り換え下さい。

2414-103 色番 103 ロット A

糸の色を示す番号と、糸を染めるときの釜の番号。同じ色でもロットが違うと色が微妙に異なる場合がある。

糸の出し方

糸玉の内側の中央から糸端を取り出します。ただし、糸玉の中に堅い紙が入っている場合は、外側の糸端から使います。

2本どり

1玉の場合、内側の中央の糸端と、外側の糸端を合わせ、糸2本を揃えて（引き揃え）1本として使用します。2玉ある場合はそれぞれ内側から糸端を取り出せばOKです。

糸と針の持ち方

糸のかけ方

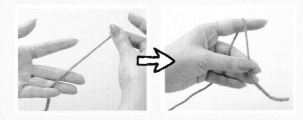

左手の小指と薬指の間に糸端をはさみ、そのまま人差し指の裏から上にかけ、人差し指にかけた糸を親指と中指ではさみます。

針の持ち方

右手の親指と人差し指でグリップの先端部分を持ち、中指を軽く添える「ペン持ち」、針を包むように持つ「ナイフ持ち」どちらでも編みやすい方法で。

編み図の見方

「編み図」とは「編み目記号」で構成された編み方の図面です。
はじめはややこしく感じるかもしれませんが、一度理解できるようになると、
どんな作品も編めるようになります。

輪編み わの作り目から1段、2段、3段…とぐるぐると丸い形に編みます。

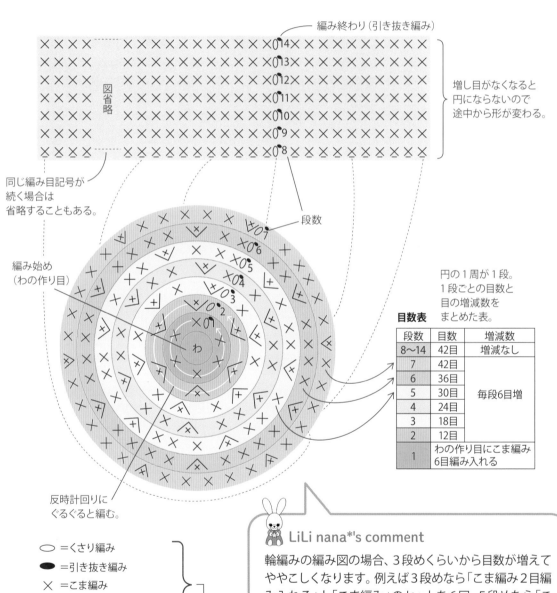

編み終わり（引き抜き編み）

図省略

増し目がなくなると
円にならないので
途中から形が変わる。

同じ編み目記号が
続く場合は
省略することもある。

段数

編み始め
（わの作り目）

反時計回りに
ぐるぐると編む。

円の1周が1段。
1段ごとの目数と
目の増減数を
まとめた表。

目数表

段数	目数	増減数
8〜14	42目	増減なし
7	42目	毎段6目増
6	36目	
5	30目	
4	24目	
3	18目	
2	12目	
1	わの作り目にこま編み6目編み入れる	

◯ =くさり編み
● =引き抜き編み
× =こま編み
⻆ =こま編みのすじ編み
ⱽ =こま編み2目編み入れる

この作品で使う編み目記号一覧。
編み方がわからない場合は
P.140の「編み目記号表」を参考に。

LiLi nana*'s comment

輪編みの編み図の場合、3段めくらいから目数が増えて
ややこしくなります。例えば3段めなら「こま編み2目編
み入れる」と「こま編み」のセットを6回、5段めなら「こ
ま編み3目」と「こま編み2目編み入れる」のセットを6
回と覚えれば、いちいち数えなくても大丈夫。ただし慣
れるまでは、1段ごとに目数表の数字と照らし合わせましょ
う。ずれたまま編み進めると変形しちゃいますから。

往復編み

くさり編みの作り目から端まで編んだら
編み地を返してまた端まで編むをくりかえします。

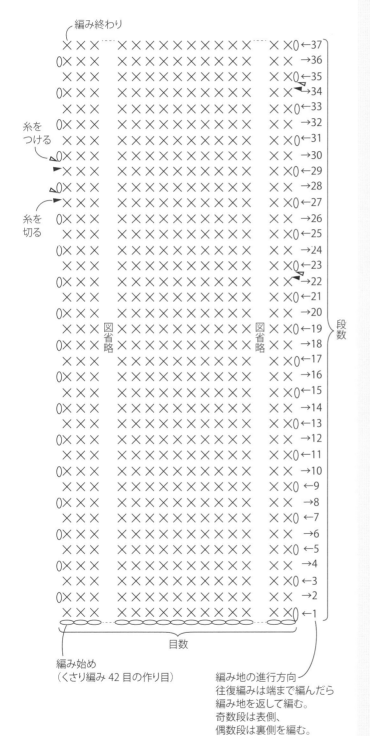

編み終わり

糸を
つける

糸を
切る

図省略　図省略

段数

目数

編み始め
（くさり編み 42 目の作り目）

編み地の進行方向
往復編みは端まで編んだら
編み地を返して編む。
奇数段は表側、
偶数段は裏側を編む。

ゲージとは

「ゲージ」とは、10cm 角の編み地に何目、何段
編まれているかを示したもの。作品の仕上がり
サイズの目安になります。サイズ通りに仕上げ
たいときは、作品を編む前に15cm角程度のス
ワッチ（編み地）を編み、段数と目数を測ります。
目標のゲージより数字が少ないときは少しき
つめに編むか、使用針のサイズを小さくし、数
字が多いときは少し緩めに編むか、針のサイズ
を大きくして調整しましょう。

こま編みの場合

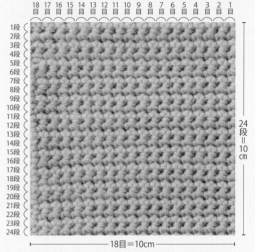

長編みの場合

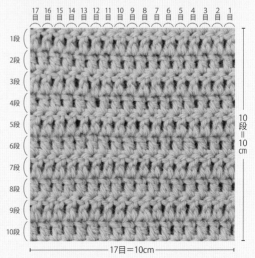

15

100円糸で編むレッスンアイテム

no. 01 | くさり編みとこま編みで編む コースター P.8

A　B　C

[糸] **A**：ごしょう産業 NEW エンジェルコットン
　　　　ホワイト(1) 8g、アサミドリ(11) 8g
　　　B：ごしょう産業 NEW エンジェルコットン
　　　　ネイビー(8) 8g
　　　　ごしょう産業 きらめきコットン
　　　　シルバーグレー(5) 7g
　　　C：ごしょう産業 NEW エンジェルコットン
　　　　マスタード(19) 15g
　　　※全て100円ショップ　セリア取り扱い商品

[針] かぎ針7/0号
[ゲージ] **A**：模様編み　19目14段＝9cm角
　　　　　B、**C**：模様編み　17目15段＝9cm角

編み方

＊糸は2本どりで編みます。

1 くさり編みで作り目をし、立ち上がりのくさり1目を編む。

2 **A**：1段めは裏山を拾ってこま編み1目、くさり編み1目をく
　りかえす。こま編み1目、くさり編み1目をくりかえして
　7段めまで編む。8段めからホワイトの糸に変え、同様に
　14段めまで編む。

　B：1段めは裏山を拾ってこま編み1目、くさり編み1目をく
　りかえす。2段めはこま編み2目を編んでから、くさり
　編み1目こま編み1目を7回くりかえし、最後にもう一度
　こま編みを編む。3段めはこま編み1目、くさり編み1目
　をくりかえす。2、3段めをくりかえし、色変えしながら
　15段めまで編む。

　C：裏山を拾ってこま編みで1段編む。2段めはこま編み1目、
　くさり編み1目をくりかえす。3段めはこま編みで1段編
　む。2、3段めをくりかえして15段めまで編む。

B

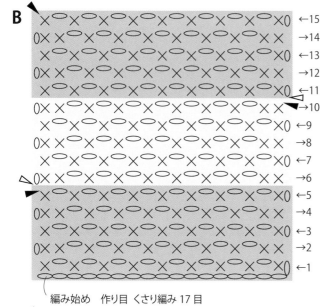

←15
→14
←13
→12
←11
→10
→9
→8
←7
→6
←5
→4
→2
←1

編み始め　作り目　くさり編み 17目

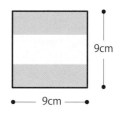

9cm
9cm

C

←15
→14
←13
→12
←11
→10
←9
→8
←7
→6
←5
→4
←3
→2
←1

編み始め　作り目　くさり編み 17目

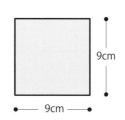

9cm
9cm

◁=糸をつける　◀=糸を切る
✕=こま編み　◯=くさり編み

A

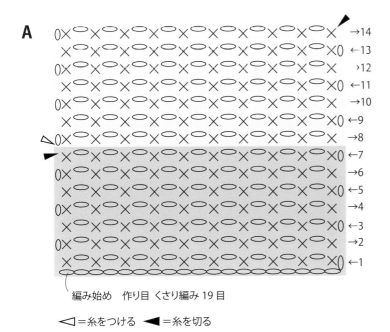

編み始め　作り目 くさり編み 19目

◁＝糸をつける　◀＝糸を切る

✕＝こま編み　　◯＝くさり編み

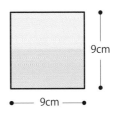

9cm

9cm

🐰 **LiLi nana*'s comment**

かぎ針編みの基本、くさり編みとこま編みだけで編めるコースター。まずは糸と針の使い方に慣れることからはじめてみてください。

編み方1 【◯**くさり編み**】※ここではAの編み方を解説します。

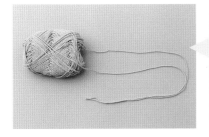

1 糸は2本どりで編む。アサミドリの糸（以下A糸）の始めと終わりの糸端を2本揃える。

Point 『**糸2本どり**』

糸を2本揃えて（引き揃え）1本として使うこと。細い糸で太さを出すことができます。また、違う色や素材の糸を引き揃えるとニュアンスが出ます。1玉で2本どりにする時は、糸玉の外側に出ている糸端と、内側中央からもう一方の糸端を取り出して引き揃えればOK。

糸玉側

糸端

2 引き揃えた糸の端をひとねじりして、右手の親指と人差し指にかける。

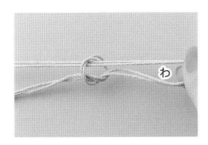

わ

3 糸玉側の糸をつまんで引き出すと「わ」ができる。

4 できた「わ」にかぎ針（以降は「針」と表記）の針先を入れて針を引く。

5 最初の目（この目は作り目に入れない）ができたところ。

17

6 針先に糸をかけて矢印のように引き抜く。

7 「くさり編み」が1目編めたところ。

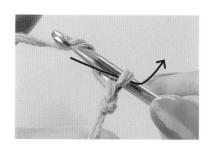

8 もう一度針に糸をかけて引き抜く。これを18回くりかえす。

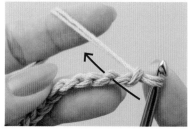

9 作り目になるくさり編み19目が編めたところ。

> *Point* 『立ち上がり』
> 段の始めに編むくさりが「立ち上がり」です。こま編みの立ち上がりのくさりは目数に数えません。

【立ち上がりのくさり】

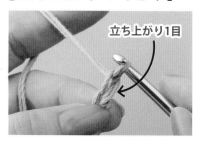

立ち上がり1目

10 続けて、立ち上がりのくさり1目を編む。

編み方2 【× こま編み】【裏山を拾う】

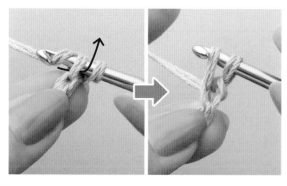

11 作り目の19目めの裏山に、矢印のように針を入れる。

> *Point* 『くさり編みの裏山』
> くさり編みの裏側にある1本が「裏山」。ここに針を入れて1段めを編むと、作り目がきれいに見えます。難しい場合は、表側の「半目」に針を入れて編んでもOK。

裏山を拾う

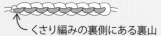

← くさり編みの裏側にある裏山

半目を拾う

← くさり編みの表側にある半目（上半目）

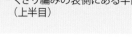

12 糸をかけて引き出す。針に2ループかかる。

13 もう一度糸をかけ、2ループを一度に引き抜く。

14 「こま編み」が1目編めた。続けてくさり編みを1目編む。

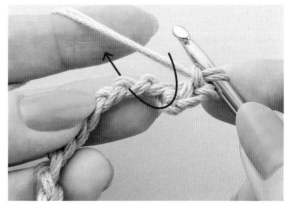

15 1目とばして作り目の17目めの裏山に矢印のように針を入れる。

16 糸をかけて、引き出す。

17 もう一度糸をかけて全て引き抜き、こま編みが編めたところ。

18 くさり編み1目、こま編み1目をくりかえし、端まで編む。

【編み地を返す】

19 2段めの立ち上がりのくさり1目を編み、編み地を矢印の方向に回して返す。

Point **『往復編み』**
1段編み終わったら、次の段の立ち上がりのくさり編みを編んで編み地を返します。針は動かさず、編み地を手前から向こう側に回して裏返し、同じように編みます。端まで編んだらまた編み地を返す。このくりかえしが「往復編み」です。

20 前段のこま編みの頭に針を入れ、こま編みを1目編む。

Point **『頭と足』**
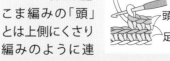
頭
足

こま編みの「頭」とは上側にくさり編みのように連なっている2本のこと。その下にある柱状のものが「足」になります。

21 くさり編みを1目編む。

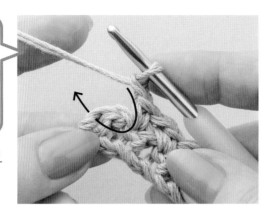

22 20、21をくりかえ
し、2段めを編む。

23 2段めの端まで編んだところ。
同様にあと5段(計7段)編む。

【糸変え】

24 7段めの最後のこま編みで、
針に2ループかかった状態で
ホワイトの糸(以下B糸)に持
ち変える。

25 針にB糸をかけて、引き抜く。

26 糸変えができたところ。

27 続けてB糸で8段めの立ち上
がりのくさり1目を編む。

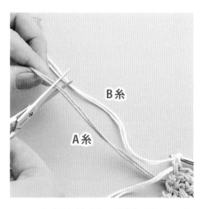

28 A糸は約20cm残してカット
する。

29 編み地を返してB糸で同様に
こま編み、くさり編みをくり
かえして編む。

30 8段めを編んだところ。同様
にあと6段(計14段)編む。

【編み終わり】

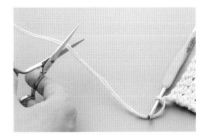

CHECK

このくさり編み1目は、編み終わりを止めておくための1目です。糸始末や仕上がりがきれいにできます。

31 14段めの最後まで編んだら、くさり編みを1目編む。この目は目数に数えない。

32 編み終わりの糸は約20cm残してカットする。

【糸始末】

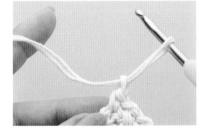

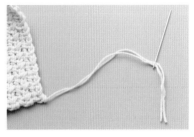

33 針を引き、糸端を引き抜く。

34 引き抜いた糸をぐっと引く。

35 残した糸端をとじ針に通す。

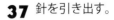

CHECK

編み地は、編み図で見ている方が表面です。表裏を確認して、裏面で糸始末をしましょう。

36 編み地の糸を2〜3cmすくって針を入れる。

37 針を引き出す。

38 編み地の糸を1本とばし、反対方向に戻って、2〜3cmすくって針を入れ、引き出す。

39 余った糸端をハサミでカットする。

40 編み始めの糸端も同様に糸始末をして、できあがり。

100円糸で編むレッスンアイテム

no. **02** 長方形に編むカゴ
P.9

[糸] ごしょう産業　NEW エンジェルコットン※
バラ(13)25g
※100円ショップ　セリア取り扱い商品
[針] かぎ針7/0号
[ゲージ] こま編み　16目20段＝10cm角

編み方

＊糸は2本どりで編みます。

① 底を編む。くさり編み7目で作り目をし、編み図のとおりに5段めまで編む。

② 側面を編む。6段めはすじ編みを1段編み、続けて12段めまでこま編みを編む。

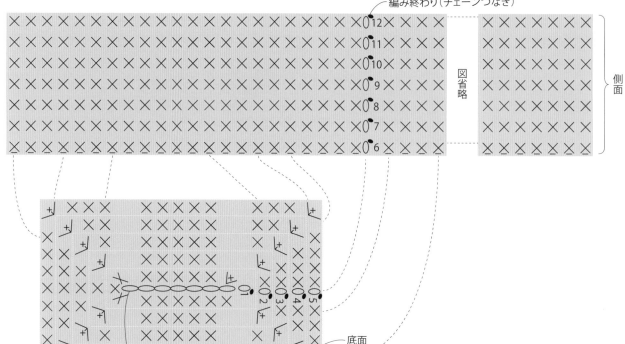

編み始め　作り目　くさり編み 7 目

底面

編み終わり（チェーンつなぎ）

側面

図省略

〇 =くさり編み
● =引き抜き編み
✕ =こま編み
✕ =こま編みのすじ編み
Ⅴ =こま編み2目編み入れる
Ⅴ =こま編み3目編み入れる

段数	目数	増減数
6〜12	48目	増減なし
5	48目	毎段8目増
4	40目	
3	32目	
2	24目	
1	くさり7目に編み図のように編み入れる	

 LiLi nana*'s comment

一見難しそうな長方形ですが、円や楕円より簡単な編み方です。編み図を見ると四隅にだけ増やしているのがわかると思います。4か所にこま編み3目編み入れる！ これさえ覚えていれば大丈夫。

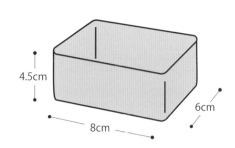

4.5cm

6cm

8cm

編み方1

【✷ こま編み2目編み入れる】

1 くさり編み7目で作り目を編む。

2 立ち上がりのくさり1目を編んだら、作り目の7目めの裏山に針を入れてこま編みを編む。

3 同じ目にもう一度こま編みを編む。

4 次の目からは1目に1目ずつこま編みを編む。

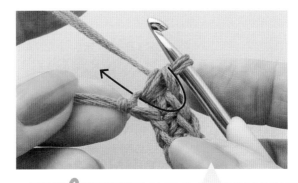

5 作り目の1目めにこま編み3目編み入れる。このとき下のように糸端を編みくるむ。

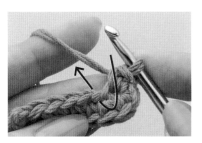

6 作り目のくさり編みの裏山以外の2本を拾って針を入れ、こま編みを1目ずつ編む。

Point 『編みくるむ』

編み始めの糸端が、針の上にくるように針を入れます。

そのままこま編みを編み進めると、糸端は編み目の裏側にきれいに隠れます。

【● 引き抜き編み】

7 1段めの最後は、1目めのこま編みの頭に針を入れる。

Point 『引き抜き編み』
目を止めたり、つなぎ合わせるときなどに使います。

8 針に糸をかけて引き抜くと、引き抜き編みが編める。

【 ⩔ こま編み3目編み入れる 】

9 2段めの立ち上がりのくさり1目に続いて、こま編みを1目編む。

10 2目めに「こま編み3目編み入れる」を編み、その2目めに段数マーカーをつける。これが長方形の角になる。

11 続けてこま編みを5目編み、次の「こま編み3目編み入れる」の2目めにも段数マーカーをつける。

12 同様に段数マーカーをつけながら2段めを編む。

13 3段めはマーカーをつけた目の手前までこま編みを編む。

✔ **CHECK**
編み進めながら段数マーカーを移動させると、角の位置を間違えません。

14 段数マーカーを一度外して、こま編みを3目編み入れる。

15 14の2目めに段数マーカーをつけ、針を戻す。

編み方 2 【⤬こま編みのすじ編み】

16 13〜15をくりかえし、3段めを編んだところ。

17 5段めまで同様に編んだら、段数マーカーを外す。

18 6段めの立ち上がりのくさり1目を編み、奥半目に針を入れて、こま編みを編む。

19 こま編みのすじ編みが1目編めたところ。

『すじ編み』
「こま編み」と同じ編み方ですが、針を入れるところが違い、「すじ編み」は奥半目に針を入れます。仕上がりもこま編みとは異なり編み目の根元に横すじが1本出ます。

20 こま編みのすじ編みを1周編み、最後は1目めに引き抜き編みを編む。

【チェーンつなぎ】

21 編み図のとおりに12段めまで編む。最後は引き抜き編みをせず、チェーンつなぎをする。

22 編み終わりの糸は約20cm残してカットし、とじ針に通す。

23 1目めの頭に奥から針を入れて手前に出す。

24 最後の目の頭に手前から針を入れて奥に出す。

25 チェーンつなぎできれいにつながった。

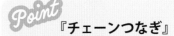

『チェーンつなぎ』
最終段の編み始めの頭の目に奥から針を入れて手前に出し、最後の目の頭に手前から針を入れて奥に出します。くさり1目の大きさで糸を引くときれいに仕上がります。

26 裏面で糸始末をする。

27 できあがり。

100円糸で編むレッスンアイテム

no.03 | ぐるぐる編む丸底カゴ
P.9

[糸]　ごしょう産業 NEW エンジェルコットン※
　　　　アサミドリ(11)25g、マスタード(19)5g
　　　　※100円ショップ　セリア取り扱い商品
[針]　かぎ針7/0号
[ゲージ]　こま編み　16目20段=10cm角

編み方

＊糸は2本どりで編みます。

1. 本体底を編む。わの作り目をし、増し目をしながら7段めまで編む。

2. 側面を編む。8段めはすじ編みで編み、続けて14段めまでこま編みを編む。

3. 持ち手を編む。編み始めの糸を約50cm残してくさり編み25目で作り目をし、編み図のとおりに編む。編み終わりの糸も約50cm残してカットし、残した糸をとじ針に通して本体の内側に縫いつける。

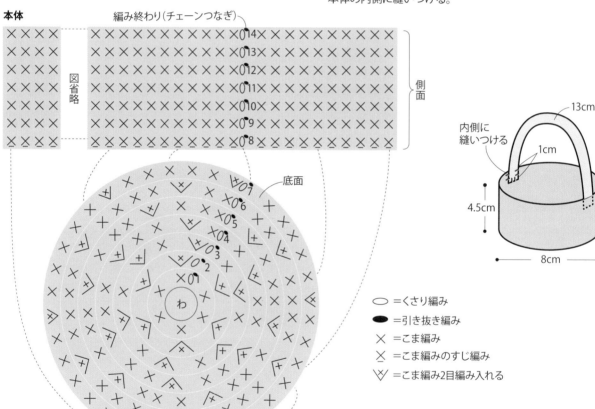

本体

編み終わり(チェーンつなぎ)

図省略

側面

底面

わ

○=くさり編み
●=引き抜き編み
×=こま編み
×=こま編みのすじ編み
∨=こま編み2目編み入れる

13cm
内側に縫いつける
1cm
4.5cm
8cm

段数	目数	増減数
8～14	42目	増減なし
7	42目	毎段6目増
6	36目	
5	30目	
4	24目	
3	18目	
2	12目	
1	わの作り目にこま編み6目編み入れる	

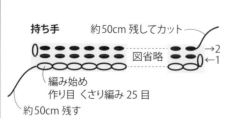

持ち手

約50cm残してカット
図省略
→2
←1
編み始め
作り目　くさり編み 25目
約50cm 残す

🐰 **LiLi nana*'s comment**

間違えやすいポイントは、1目めにこま編みを編み忘れてしまう事と、増やす目が多かったり少なかったりする事。不安なときは1段ごとに6目ずつ増えているか数えてみるといいですよ。

編み方1 【わの作り目】

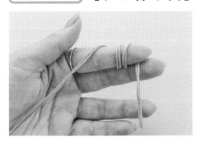

1 アサミドリの糸を2本どりで左手の人差し指に2回巻きつけ、二重のわを作る。

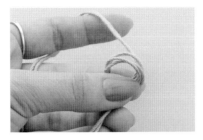

2 そのまま指から糸を外し、わが崩れないように左手の親指と中指で押さえる。

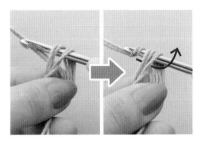

3 わの中に針を入れ、糸をかけて引き出す。

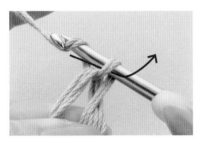

4 針に糸をかけ、引き抜く。

5 針を引き、編んだ目を引き締める。この目は目数に数えない。

6 立ち上がりのくさり1目を編む。

7 わの中に針を入れる。

8 糸をかけて、引き出す。

9 引き出したところ。

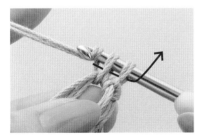

10 糸をかけて、引き抜く。

11 わの作り目にこま編み1目が編めた。

Point
『わの作り目〜1段め』
1段めはこま編みのときもあれば、中長編みや長編みのときもあります。

27

12 7〜11を5回くりかえし、わの中にこま編み6目を編み入れたところ。

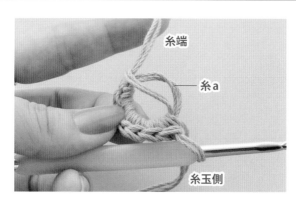

糸端
糸a
糸玉側

13 糸端と同じ所から出ている**糸a**を確認する。

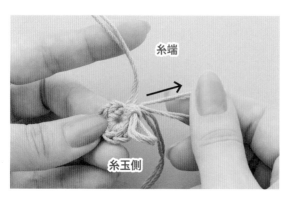

糸端
糸玉側

14 針を一度外し、**糸a**を引っ張りわを引き締める。

糸端
糸玉側

15 糸端を引き、**糸a**を引き締める。

16 再び針を戻す。

17 1目めの頭に針を入れる。

18 糸をかけ、矢印のように引き抜き編みを編む。

19 1段めが編めたところ。

CHECK
増し目をして目数が増えると、円が大きくなります。

20 2段めの立ち上がりのくさり1目を編む。

21 前段1目めの頭にこま編みを2目編み入れる。

22 「こま編み2目を編み入れる」を、あと5回くりかえす。

23 最後は、1目めのこま編みの頭に針を入れる。

24 糸をかけて引き抜き編みをして、2段めが編めたところ。

25 編み図のとおりに増し目をしながら7段めまで編む。

編み方2

26 8段めの立ち上がりのくさり1目を編む。

27 奥半目に針を入れる。

28 糸をかけて引き出す。そのままこま編みを編む。

29 こま編みのすじ編みが編めたところ。

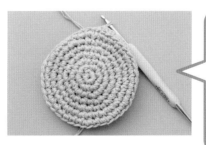

30 8段めが編めたところ。

CHECK
側面の最初に『すじ編み』を1周編むと、編み目の根元に横すじが1本出て、底との境目に角ができます。小物入れなど立体にする際にオススメです。

31 9段めの立ち上がりのくさり1目を編む。

CHECK
一定方向に編み進めると、編み地が右に傾いてきます。左上に引き上げながら編むと傾きが軽減されます。

32 増減なしでこま編みを編む。

CHECK
糸をあまり引きすぎず、他の目と揃えるときれいに仕上がります。

33 14段めまで編んだら、編み終わりの糸は約20cm残してカットする。残した糸をとじ針に通してチェーンつなぎをする。

34 裏面で糸始末をする。

編み方3

35 本体のできあがり。

36 マスタードの糸を2本どりにし、編み始めの糸を約50cm残して編み始める。

37 くさり編み25目で作り目をする。

38 立ち上がりのくさり1目を編み、作り目の裏山に針を入れる。

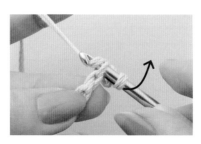

39 糸をかけて、引き抜き編みを編む。

40 同様に裏山に針を入れ、引き抜き編みで1段めを編む。

41 立ち上がりのくさり1目を編んで、編み地を返す。

42 前段の頭に針を入れ、糸をかけて引き抜き編みを編む。

43 引き抜き編みを編んだところ。

44 同様に引き抜き編みで2段めを編む。

45 編み終わりを止めておくため、くさり編みを1目編み、約50cm残してカットし、引き抜く。

☑ **CHECK**
目数を数えずに、持ち手などをつける位置が決められます。

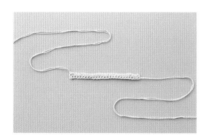

46 持ち手ができたところ。

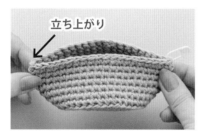

立ち上がり

47 本体の立ち上がりの目をつまんで折り、半分になる部分に段数マーカーをつける。

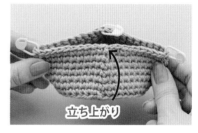

立ち上がり

48 立ち上がりの目と段数マーカーを合わせて折り、両脇に段数マーカーをつける。

49 持ち手で残した糸をとじ針に通し、**48**で段数マーカーをつけた本体の内側1cmの所に縫いつける。

50 持ち手の内側で糸始末をする。反対側も同様に縫いつける。

51 できあがり。

100円糸で編むレッスンアイテム

no.04 こま編みだけで編むポシェット

P.10

[　糸　] ごしょう産業　なないろ彩色※
　　　　A：グレー(10)35g、ホワイト(1)15g
　　　　B：アメジスト(15)45g
　　　　※100円ショップ　セリア取り扱い商品
[　針　] かぎ針7/0号
[その他] マグネットホック(14mm)各1個
　　　　Dカン(幅15mm)各2個
　　　　縫い糸(グレー、ピンク)少々、縫い針
　　　　A：ショルダー紐(黒 8mm)110cm 1本
　　　　B：ショルダー紐(ベージュ 6mm)110cm 1本
[ゲージ] こま編み　16.5目20段=10cm角

編み方

＊糸は1本どりで編みます。

1　編み始めの糸を約70cm残してくさり編み42目で作り目をし、裏山を拾ってこま編みを1段編む。

2　Aは糸変えをしながら編む。編み終わりの糸は約70cm残してカットする。

3　外表で半分に折り、残り糸をとじ針に通して両サイドを巻きかがる。

4　指定の位置に糸をつけてふたを編み、マグネットホックを縫い糸で縫いつける。

5　Dカンを両サイドの内側に縫いつけ、ショルダー紐をかける。

LiLi nana*'s comment

かぎ針編みに慣れてきたら、少し大きな物にチャレンジしてみてください。糸の張り具合などを意識して1目1目の大きさを揃えてあげると、編み目がきれいに見えますよ。

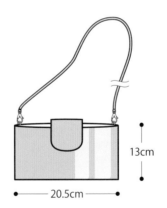

13cm
20.5cm

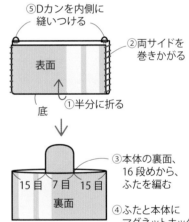

⑤Dカンを内側に縫いつける
②両サイドを巻きかがる
表面
底
①半分に折る
③本体の裏面、16段めから、ふたを編む
15目　7目　15目
裏面
④ふたと本体にマグネットホックを縫いつける

編み方1

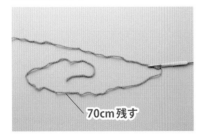

70cm残す

1　編み始めの糸を約70cm残して、くさり編み42目で作り目をする。

2　立ち上がりのくさりを1目編む。

3　作り目の裏山に針を入れ、こま編みを編む。

P.34へ続く

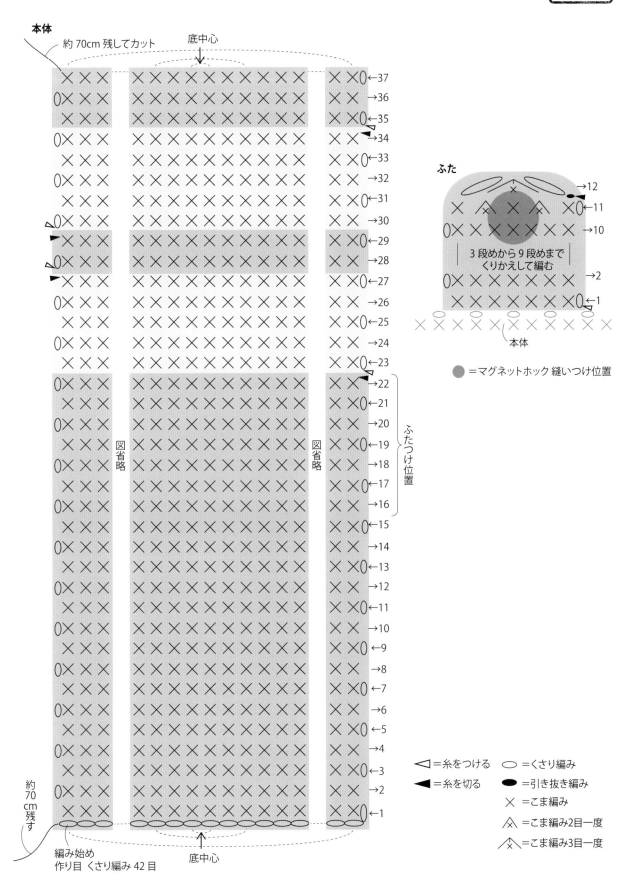

本体

約70cm残してカット

底中心

→37・→36・→35・→34・←33・→32・←31・←30・←29・→28・←27・→26・←25・→24・←23・→22・←21・→20・←19・→18・←17・→16・←15・→14・←13・→12・←11・→10・←9・→8・←7・→6・←5・→4・←3・→2・←1

ふた

→12・→11・→10・→2・←1

3段めから9段めまで
くりかえして編む

本体

●=マグネットホック縫いつけ位置

ふたつけ位置

図省略

図省略

約70cm残す

編み始め
作り目 くさり編み42目

底中心

▷=糸をつける ○=くさり編み

◀=糸を切る ●=引き抜き編み

× =こま編み

⋀=こま編み2目一度

⋀=こま編み3目一度

33

編み方 2

4 続けてこま編みを編む。

5 編み図のとおりに往復編みで37段めまで編む。

6 編み終わりを止めておくため、くさり編みを1目編み、約70cm残してカットし、引き抜く。

編み方 3

表面

【全目の巻きかがり】

Point 『全目の巻きかがり』
1目ずつ編み目の頭全部を拾います。編み目の半目を拾う場合は『半目の巻きかがり』と言います。

8 最終段の1目めと42目めを全部拾って針を入れる。

7 外表で横半分に折り、残り糸をとじ針に通す。

9 糸を引き締める。同様に1目ずつ拾い、巻きかがる。

10 端まで巻きかがったところ。

11 針を内側に入れる。

12 針を内側から出す。

13 編み地を裏返して、内側で糸始末をする。

14 不要な糸はカットする。編み地を表に返し、反対側も同様に巻きかがる。

編み方4

15 ふたつけ位置の両端、それぞれ1目外側の目に段数マーカーをつける。

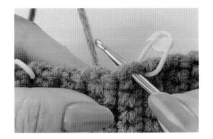

16 右側のふたつけ位置に針を入れ、糸をつける。

17 糸をかけて、引き出す。

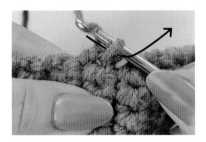

18 糸をかけて、引き抜く。

19 立ち上がりのくさり1目が編めたところ。

20 同じ目に針を入れる。

21 糸をかけて、引き出す。

22 もう一度糸をかけて引き抜き、こま編みが1目編めたところ。

23 続けてこま編みを6目編む。ふたの1段めが編めたところ。

24 往復編みで10段めまで編む。

25 11段めの立ち上がりのくさりを1目編む。

【⋀こま編み2目一度】

26 編み地を返してこま編みを1目編む。

27 次の目に針を入れ、糸を引き出す。

28 次の目に針を入れ、糸をかけて引き出す。針に3ループがかかる。

> ☑ **CHECK**
>
> 2目を一度に編み、こま編みが1目に減りました。

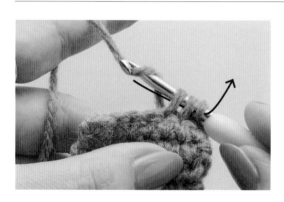

29 針に糸をかけ、一度に引き抜く。

30 「こま編み2目一度」が編めたところ。

31 続けて編み図のとおりに11段めを編む。

32 12段めの立ち上がりのくさり1目を編む。

33 編み地を返す。

【⋀こま編み3目一度】

34 1目とばして次の目に針を入れて、糸を引き出す。

35 次の目に針を入れ、糸を引き出す。

36 さらに次の目に針を入れ、糸を引き出す。針に糸をかけ、4ループを一度に引き抜く。

37 「こま編み3目一度」が編めたところ。

38 くさり編みを1目編み、最後は11段めの1目めのこま編みの頭に針を入れる。

39 糸をかけて、引き抜き編みを編む。

40 編み終わったところ。

41 糸始末をして、段数マーカーを外す。

42 縫い針に縫い糸を通し、蓋の内側にマグネットホック凸を縫いつける。

43 縫い終わりは玉結びをする。

44 縫い終わりの縫い糸はマグネットホックの裏側で糸始末をする。

45 位置を確認して、本体にマグネットホック凹を縫いつける。

編み方5

46 とじ針に本体で使った糸を通し、本体の両脇内側にDカンを縫いつける。

☑ CHECK

縫い始めと終わりは、糸始末と同じ要領で編み目を拾って糸端を固定しましょう。

47 Dカンにショルダー紐をかけて、できあがり。

100円糸で編むレッスンアイテム

no. 05 | 方眼編みの巾着バッグ
P.11

[糸] ごしょう産業 オーガニックコットン 太※
　　　100g
　　　※100円ショップ　セリア取り扱い商品
[針] かぎ針6/0号
[その他] カラーコード（プレーン 6mm）150cm 1本
[ゲージ] 模様編み　24目14段＝10cm角

LiLi nana*'s comment

長編みは糸を引き出す時に少し長めに引き出してから編むときれいに編めます。「針に糸をかけ引き出す。2ループずつ引き抜く」の動きがスムーズにできるようにチャレンジしてみてください。

編み方

＊糸は1本どりで編みます。

1. くさり編み59目で作り目をし、こま編みで1段めを編む。
2. 2段めからは模様編みで37段めまで編む。
3. 75cm×2本にカットしたカラーコードを、32段めの両端から通してそれぞれ端を結ぶ。

32段めにカラーコードを通す

28cm

25cm

編み方 1

1 くさり編み59目で作り目をし、立ち上がりのくさり1目を編む。

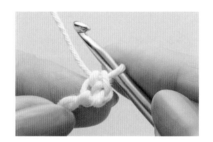

2 裏山にこま編みを編む。

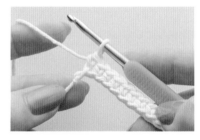

3 続けて作り目の裏山にこま編みを編む。作り目の1目めの手前まで編んだところ。

4 作り目の1目めの裏山にこま編みを3目編み入れる。

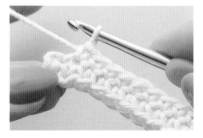

5 続けて作り目の反対側からくさり編みの裏山以外の2本を拾い、こま編みを編んでいく。

P.40へ続く

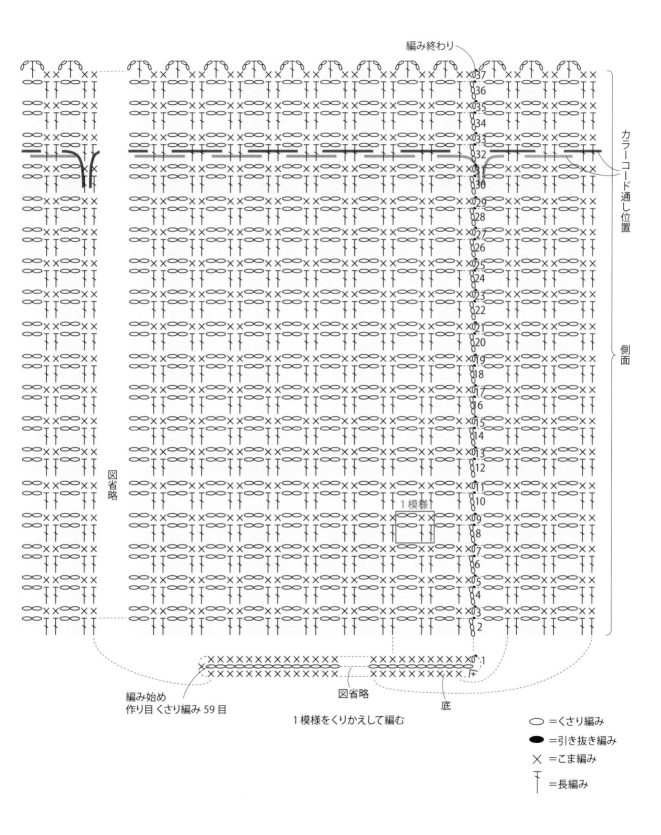

編み終わり

カラーコード通し位置

側面

1模様

37
36
35
34
33
32
31
30
29
28
27
26
25
24
23
22
21
20
19
18
17
16
15
14
13
12
11
10
9
8
7
6
5
4
3
2
1

図省略

編み始め
作り目 くさり編み 59目

図省略

底

1模様をくりかえして編む

◯ =くさり編み

● =引き抜き編み

× =こま編み

† =長編み

6 作り目の59目めにこま編みを2目編み入れる。

7 1段めの最後は1目めのこま編みの頭に針を入れ、引き抜き編みを編む。

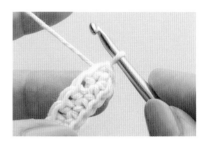

8 1段めが編めたところ。

編み方2

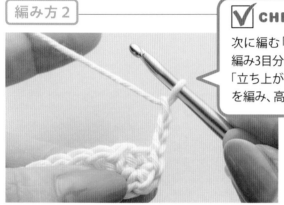

☑ CHECK
次に編む「長編み」はくさり編み3目分の高さが出るので、「立ち上がり」でくさりを3目を編み、高さを調整します。

9 2段めの立ち上がりのくさり3目を編む。

【 長編み 】

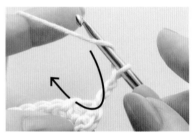

10 針に糸をかけ、前段の2目めの頭に針を入れる。

11 前段の2目めの頭に針を入れたところ。

12 糸をかけ、矢印のように引き出す。

13 糸を引き出すと、針に3ループかかる。

14 針に糸をかけ、矢印のように2ループ引き抜く。

15 もう一度糸をかけ、一度に引き抜く。

16 「長編み」が編めたところ。

17 くさり編みを2目編む。

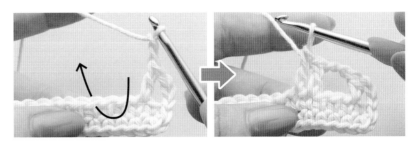

18 2目とばして次の目とその次の目に長編みを1目ずつ編む。

19 17、18をくりかえし、2段めの最後、くさり編みを2目編んだところ。

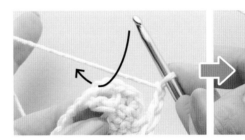

20 最後は2段めの立ち上がりのくさり3目めに針を入れる。

21 糸をかけて、引き抜き編みを編む。

22 2段めが編めたところ。続けて3段めの立ち上がりのくさり1目を編む。

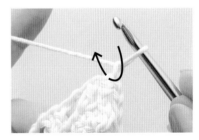

23 前段の立ち上がりのくさり3目めに針を入れる。

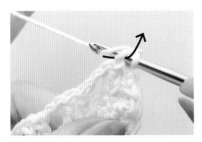

24 糸をかけて引き出し、こま編みを編む。

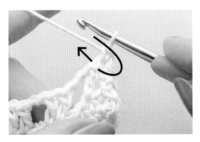

25 次の目の頭に針を入れ、こま編みを編む。

26 こま編みを編んだところ。

27 くさり編みを2目編む。

28 こま編み2目、くさり編み2目をくりかえし、3段めを編む。

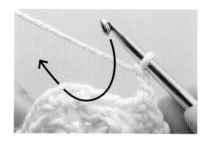

29 3段めの最後、くさり編みを2目編んだら、3段めの1目めの頭に針を入れる。

30 糸をかけて引き抜き編みを編む。

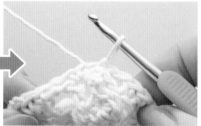

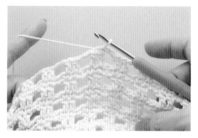

31 編み図のとおり、36段めまで編んだところ。

32 37段めの立ち上がりのくさり1目に続いて、こま編みを2目編む。

【束に拾う】

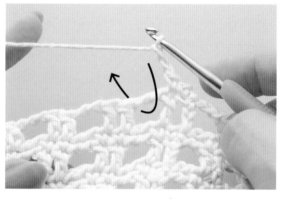

33 くさり編みを2目編み、針に糸をかけて矢印のように針を入れて、長編みを編む。

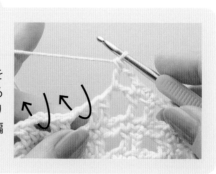

Point

『束に拾う』
くさり編みの目を割って編み入れるのではなく、くさり編みごと拾って編むこと。

34 くさり編みを2目編む。

35 前段の長編みの頭にこま編みを1目ずつ編む。

36 33〜35をくりかえし、最後まで編む。

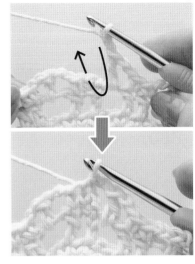

37 最後は1目めのこま編みの頭に引き抜き編みを編む。

✔ **CHECK**

編み地が透けている場合も糸始末はP.21と同じ方法です。とじ針を使って表面にひびかないように仕上げましょう。

38 編み終わりの糸は約20cm残してカットし、引き抜いて糸始末をする。

編み方3

39 編み上がったところ。

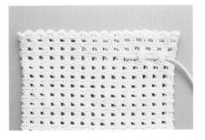

40 75cm×2本にカットしたカラーコードを、32段めの目を縫うように通す。

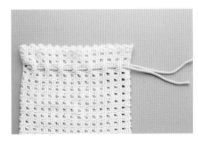

41 1周通して、両端を結ぶ。

42 反対側は互い違いになるようにカラーコードを通し、両端を結ぶ。

43 できあがり。

LiLi nana* からの ゆる～い アドバイス

編み物初心者さんから多い質問をピックアップしました。ゆるすぎる回答もありますが、ぜひ参考に！

Q 編んでいるといつの間にか編み地が歪むのですが、どうすればいいんでしょう？

A これにはいろいろな原因があります。編み目の大きさが揃っていなかったり、編み方自体を間違えていたり。こんなことを言ってはダメかも知れませんが、不安な方はアイロンOKの糸を選んで、歪んだらスチームをかけて**ごまかしちゃいましょう**。スチームをかければかなり形や目が整います。自分が納得できればどんな方法でもアリですよ。

Q 大きい物を編んでいると途中で飽きてしまい、完成させることができません。

A わかります！　私も同じです。大きいものや同じ編み方がずっと続くと飽きちゃうことってありますよね。そんなとき私は、平行して別のものを編んだりします。**編み物の息抜きに編み物をしてる**感じです（笑）。無理をして嫌な気分で編むより、編みたくなったタイミングでいいと思いますよ。

Q わで1周編んで最初の目に引き抜く場所がわからなくなります。

A 最初の目（1目め）に**段数マーカーをつける**のがオススメです！　邪魔だしちょっと面倒ですが、目が狂うよりひと手間でスムーズに編める方がいいですよ。段数マーカーの使い方はP.24も参考にしてください。

Q どうしても編み目が不揃いになってしまいます。

A 糸のテンションや目の足の長さを一定にすれば編み目は揃いますが、なかなか難しいんですよね。これはもう**たくさん編んで慣れること**がいちばんかと。自分なりのリズムがつかめればだんだんテンションも整ってくると思いますよ。

Q いつかオリジナル作品を作ってみたいのですが、どうすればアイデアが思いつくのですか？

A いきなりすごいものは作れないと思うので、**最初は本やYou Tube等を参考にする**のがいいと思います。気になるものをいろいろ編んでみて、もう少し大きくしたいとか小さくしたいとか自分の好みに合わせて段数や目数を変更したり、糸を変えたり、模様を加えたり、少しのアレンジから始めてみるのがいいと思いますよ。

Q 編んでいるといつの間にか目数が狂ってしまうのですが……。

A いちばんの原因として、最初と最後の目を飛ばしてしまうことが考えられます。マーカーをつけながら編むと編みとばし防止になりますよ。あとは1目に多く編み入れてしまうこともよくありますね。編み目をしっかり確認しながら編むといいんですけど、多少狂ってしまっても**形になれば結果オーライ**でどうでしょう？　自分がかわいいと思えたらそれが正解だと思います♪

PART.2

もっと編みたい！

かぎ針編みのかわいい小物

かぎ針編みに慣れてきたら、いろいろな作品に
チャレンジしてみましょう。帽子やスヌード、
バッグなどのファッションアイテムから、ブラン
ケットや座布団などのインテリア小物まで、
太めの糸が多いから、スイスイ編めちゃいます。

A

B

no. 06

エコたわし

玉編みは少し難しいけど、ぽこぽこした
模様が楽しい編み方。厚みがほしいたわ
しなどにぴったりです。洗面所のお掃除
などにも使えます。

作り方 ➡ P.74

no. 07

ポットマット

エコたわしよりも2段多めに
して、縁編みでかわいらしく
仕上げました。熱に強いウー
ルなどの糸がおすすめですよ。

作り方 ➡ P.74

no. 08

no. 08

楕円底のふたつき小物入れ

バニティポーチ風のふたつき小物入れ。シンプルな編み込み模様ですが、デザイン性がぐんと高まります。

作り方 ➡ P.78

no. 09

no. 09

楕円底の小物入れ

ペンや鍵など、ちょっとした小物を入れておくのに便利な形。中長編みを少し長めに編むと模様がきれいに出ますよ。

作り方 ➡ P.81

no. 10

スマホホルダー

スマホ一つで手軽に出かけたいときにおすすめのミニバッグ。ボタンもホックもないので、編むのもラクで、出し入れもしやすい！

作り方 ➡ P.84

no. **11**

バッグポケット

スマホホルダーを横長の形にアレンジしました。ミックスカラーの糸なので、普通に編むだけで編み込み模様のようになります。

作り方 ⇒ P.84

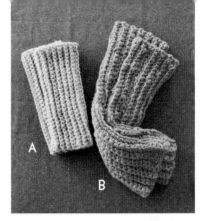

no. 12

レッグウォーマー

太い針でざっくりと編むとやわら
かい編み地になります（**B**）。針と糸
のサイズを変えて、ふくらはぎに
フィットするタイプも作れます（**A**）。

作り方 ➡ P.88

no. 13

ハンドウォーマー

目数や段数、糸の太さを変えれば子供用や男性用にリサイズもできます。指が出ているので編み物をするときにも重宝します。

作り方 ➡ P.88

no. **14**

ミニマフラー

表引き上げ編みは少し難しい
ですが、凹凸のあるかわいい
模様になります。

作り方 ⇒ P.90

no. 15

三角ショール

長い辺の中心から編むので、好みの大き
さで終わらせて OK。シンプルな形と編み
地なのでかわいい糸を選んでみました。

作り方 ➡ P.94

no. 16

ネックウォーマー

模様編みでまっすぐ編む
ネックウォーマー。太め
の糸だからあっという間
に仕上がります。

作り方 ➡ P.96

ねじり
ネックウォーマー

ねじることで首にフィット感が出ます。より暖かさを感じるはずです。

作り方 ➡ P.96

no. **18**

ニット帽

糸の素材を変えれば、季節
を問わず使えます。模様を
間に入れた少し変わったう
ね編みは、最後まで飽きず
に編めるはず。

作り方 ➡ P.99

no. 19

ネットバッグ

春先から夏までたっぷり使え
るネットバッグ。和紙を素材
とした糸とシルバーっぽい色
味が爽やかさを演出します。

作り方 ➡ P.102

no. 20

ポンポン糸のスヌード

ポンポンのネップ入りの少し変わっ
た糸なので、シンプルな編み方で仕
上げています。サッとかぶるだけで
コーデのアクセントに。

作り方 ➡ P.105

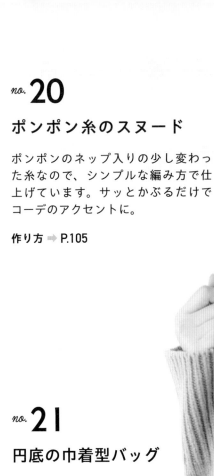

no. 21

円底の巾着型バッグ

ぽこっとした模様がかわい
い玉編みのアレンジ。少し
きつめに編んでしっかりと
した編み地にします。

作り方 ➡ P.106

no. **22**

モチーフ24枚のスクエアバッグ

モチーフをたくさん編むのは大
変ですが、編み上がったときは
達成感を味わえます。色の組み
合わせを考えるのも楽しいの
で、オリジナルの配色にもチャ
レンジしてみてください。

作り方 ➡ P.109

no. 23

モチーフ2枚のミニ巾着

no.22 のスクエアバッグと同じモチーフ2枚で作る巾着。小さな物なので短時間で編めます。

作り方 ➡ P.112

no. 24

花モチーフのヘアゴム

余り糸で編める小さなモチーフ。ヘアゴムだけでなくブローチやピアス、バッグやポーチにつけてもかわいいですよ。

作り方 ➡ P.118

no. 25

ボリュームスヌード

10mm の大きなサイズのかぎ針でザ
クザク編めます。二重に巻いたとき
のボリューム感がかわいくて、寒い
日のお出かけも楽しくなりそうです。

作り方 ⇒ P.120

no. 26
バイカラートートバッグ

こま編みだけで編むバッグ。
見た目よりもたっぷり収納で
きるので、デイリーバッグと
しておすすめです。

作り方 ➡ P.122

サークルバッグ

透かし模様を取り入れ、エレガントに仕
上げたサークル型バッグ。持ち手の縫い
つけ方にもこだわりました。

作り方 ➡ P.124

A

B

no. 28

プラントハンガー

ネット状に6段編むだけなので、すぐに完
成します。植物だけでなく、毛糸やぬい
ぐるみを入れて飾ってもかわいいですよ。

作り方 ➡ P.115

no. 29

タッセルつきブランケット

ぽこぽこした模様を楽しく編めるブランケット。引き抜き編みをゆったり編むのが、きれいに仕上げるポイントです。

作り方 ➡ P.127

no. 30

ルームシューズ

柔らかく、フィット感もいいので、ルームソックスのような感覚でラフに履けます。太い糸だから、あっという間に編めちゃいます。

作り方 ➡ P.134

A

no. 31

座布団

玉編みとは少し違う変わり玉編みで、ハートが並んだようなかわいい模様になります。厚みも出るので、座布団にぴったりです。同じ編み方でも色を変えるとこんなに雰囲気が変わりますよ。

作り方 ➡ P.130

B

no. 32

ニットボールの
イヤリング

細めの糸で編む、やや難易度の高
いニットボール。ゴムを通せば、
ヘアゴムにもなりますよ。

作り方 ➡ P.137

B

A

no. 33

ニットボールのリース

余り糸で作れるニットボール
のリース。色を変えてハロウィ
ンやクリスマス仕様に作るの
も楽しいです。

作り方 ➡ P.138

no. 06、07 エコたわし、ポットマット
P.46、47

06  07

A B

[糸] **エコたわし**：ハマナカ ボニー
A：アクアブルー (609) 20g
B：薄紫 (496) 18g
ポットマット：パピー ミニスポーツ
ピンク (708) 28g
[針] かぎ針8/0号
[ゲージ] **エコたわし**：模様編み　4段＝直径10cm
ポットマット：模様編み　5段＝直径11cm

編み方

＊糸は1本どりで編みます。

エコたわし

① わの作り目をし、中長編み3目の玉編みを増やしながら、編み図の4段めまで編む。編み終わりは4段めの1目めに引き抜き編みを編む。

② 続けてくさり編み13目を編み、4段めの1目めに引き抜き編みをしてループにする。

ポットマット

① わの作り目をし、中長編み3目の玉編みを増やしながら、編み図の5段めまで編む。

② 6段めは前段のくさり編みを束に拾って縁を編む。

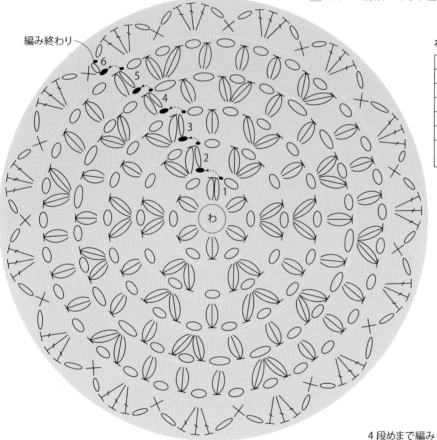

編み終わり

ポットマット

段数	目数	増減数
6	90目	+30目
5	60目	毎段12目増
4	48目	
3	36目	
2	24目	
1	わの作り目に編み図のように12目編み入れる	

14.5cm

◯ ＝くさり編み
● ＝引き抜き編み
× ＝こま編み
Ｔ ＝長編み
＝中長編み3目の玉編み

エコたわし

段数	目数	増減数
4	48目	毎段12目増
3	36目	
2	24目	
1	わの作り目に編み図のように12目編み入れる	

くさり編み13目
編み終わり
4

4段めまで編み続けてループを編む

10cm

エコたわしの編み方1

1 わの作り目からくさり1目を編み、引き締める。この目は目数に数えない。

2 少し長めに立ち上がりのくさり1目を編み、これを未完成の中長編み1目とする。続けて糸をかける。

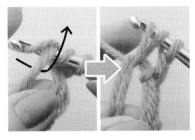

3 わに針を入れて糸をかけ、引き出す。

☑ **CHECK**
中長編みの途中なので「未完成の中長編み」になります。

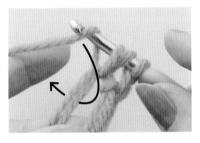

4 もう一度針に糸をかけて、わに針を入れる。

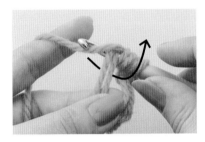

5 糸をかけて、引き出す。

6 針に糸が5ループかかる。

7 糸をかけ、一度に引き抜く。

8 1目めが編めたところ。

【 ◍ 中長編み3目の玉編み】

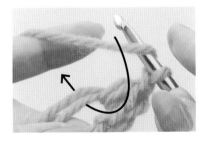

9 くさり編みを1目編み、糸をかけて、わに針を入れる。

10 糸をかけて引き出し、未完成の中長編みを編む。同様にあと2目、未完成の中長編みを編む。

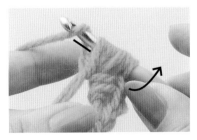

11 糸をかけ、一度に引き抜く。

12 「中長編み3目の玉編み」が編めたところ。

13 9〜11を4回くりかえし、編み図のとおりに編む。

14 わを引き締める。

15 1段めの編み終わりは1目めの頭に引き抜き編みを編む。

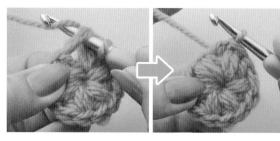

16 続けて、次のくさり編みを束に拾って引き抜き編みを編む。

17 立ち上がりのくさり1目を編み、これを未完成の中長編み1目とする。続けて前段のくさり編みを束に拾って、1目めを編む。

18 くさり編みを1目編み、**17**と同じ目に中長編み3目の玉編みを編む。

19 編み図のとおりに編み、2段めの編み終わりは1目めに引き抜き編みを編む。

編み方 2

20 4段めまで編んだら、続けてループにするくさり編みを13目編む。

21 編み終わりは4段めの1目めに引き抜き編みを編む。

22 糸始末をして、できあがり。

ポットマットの編み方1

1 エコたわしの編み方を参照し、編み図のとおりに5段めまで編む。

編み方2

2 前段2目めを束に拾って引き抜き編みをして、立ち上がりのくさり1目とこま編みを1目編み、くさり編みを1目編んで糸をかける。

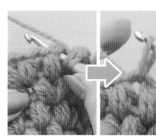

3 前段のくさりを束に拾い、糸を引き出す。

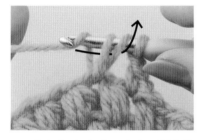

4 糸をかけ、矢印のように引き抜く。

5 もう一度糸をかけ、一度に引き抜く。

6 前段のくさり編みを束に拾って長編み1目を編んだところ。

【 ▽▽ 長編み3目編み入れる】

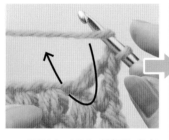

7 同じところに長編みをあと2目編み入れる。

8 くさり編みを1目編み、前段のくさり編みを束に拾い、こま編みを1目編む。

9 **2**のこま編み1目の後のくさり1目〜**8**をくりかえして模様編みを編む。

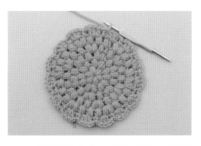

10 編み図のとおりに6段めを編み、編み終わりは1目めに引き抜き編みを編む。

11 糸始末をして、できあがり。

no. 08 楕円底のふたつき小物入れ
P.48

[糸] ハマナカ ボニー　茶(483) 70g、ベージュ(417) 20g
[針] かぎ針8/0号
[ゲージ] こま編み　14目16段=10cm角

編み方
＊糸は1本どりで編みます。
① 本体、ふたどちらもくさり編み9目で作り目をし、編み図のとおりに編む。
② ふたは10〜12段めで編み込み模様を入れ、編み終わりはチェーンつなぎをする。
③ 持ち手を編む。編み始めと編み終わりの糸は約40cm残し、糸端をとじ針に通してふたに縫いつける。

編み方1 ※ふたの編み方で解説します。　編み方2

1 茶の糸(以下A糸)でくさり編み9目で作り目をし、編み図のとおりに編む。ふたの10段めの2目めまで編んだところ。

2 3目めのこま編みの最後、糸をかけるときにベージュの糸(以下B糸)に持ち変える。

3 B糸を針にかけ、引き出したところ。

4 次の目に針を入れ、B糸を引き出す。

✓ CHECK
B糸の糸端は、編み地と一緒に左手親指で押さえて編みくるみます(P.23参照)。

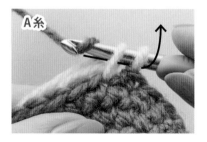

5 A糸に持ち変える。

6 A糸を針にかけ、引き抜く。

7 色変えをしたこま編みが1目編めたところ。

P.80へ続く

ふた

編み終わり（チェーンつなぎ）

1模様

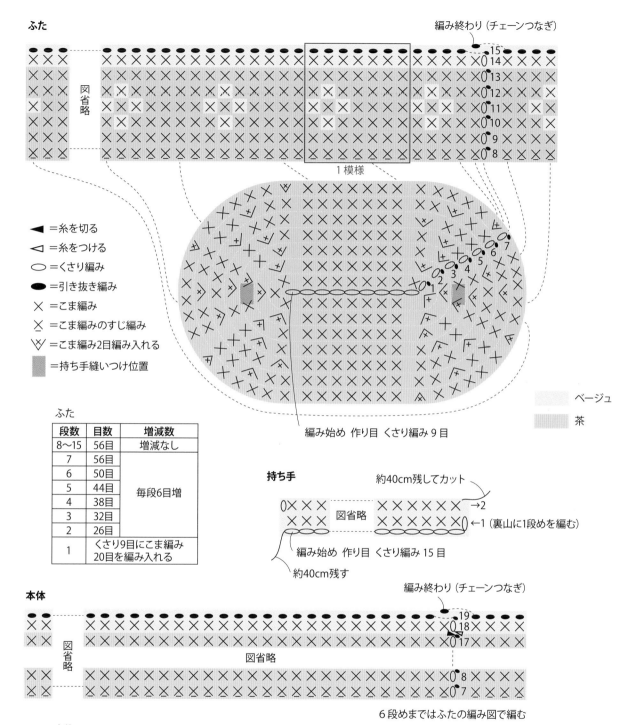

◀ =糸を切る

◁ =糸をつける

◯ =くさり編み

● =引き抜き編み

✕ =こま編み

✕ =こま編みのすじ編み

Ⴤ =こま編み2目編み入れる

▨ =持ち手縫いつけ位置

編み始め　作り目　くさり編み9目

ベージュ

茶

ふた

段数	目数	増減数
8〜15	56目	増減なし
7	56目	
6	50目	毎段6目増
5	44目	
4	38目	
3	32目	
2	26目	
1	くさり9目にこま編み20目を編み入れる	

持ち手

約40cm残してカット

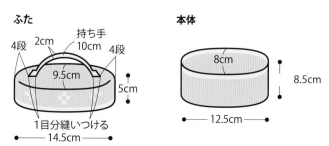

→2

←1（裏山に1段めを編む）

図省略

編み始め　作り目　くさり編み15目

約40cm残す

編み終わり（チェーンつなぎ）

本体

図省略

6段めまではふたの編み図で編む

本体

段数	目数	増減数
7〜19	50目	増減なし
6	50目	
5	44目	毎段6目増
4	38目	
3	32目	
2	26目	
1	くさり9目にこま編み20目を編み入れる	

ふた

4段　2cm　持ち手10cm　4段

9.5cm

5cm

1目分縫いつける

14.5cm

本体

8cm

8.5cm

12.5cm

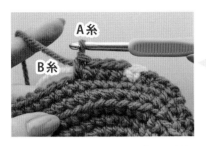

8 B糸を編みくるみながらこま編みを編む。

Point
『編みくるむ』
B糸を編みくるみながら編むことで、裏側からも見えなくなります。

9 10目めの最後引き抜くときにB糸に持ち変える。

✔ **CHECK**

編みくるむ糸を引っ張りすぎると編み地が突っ張るので、気をつけましょう。

10 B糸を針にかけて、引き抜く。

11 次の目に針を入れて、B糸を引き出す。

12 A糸に持ち変える。

13 A糸を針にかけて、引き抜く。

14 模様を入れながら10段めの途中まで編んだところ。

編み方 3

15 編み図のとおり、糸変えしながら15段めまで編む。

✔ **CHECK**

A糸で編むのは13段めまでなので、14段めでB糸に変えるタイミングでA糸の糸端を約20cm残してカットします。

16 編み始めと編み終わりの糸を約40cm残して持ち手を編み、糸端をとじ針に通してふたに縫いつけたら、できあがり。

no. **09** | 楕円底の小物入れ
P.49

[**糸**] ハマナカ ボニー　ベージュ (417) 40g
[**針**] かぎ針8/0号
[**ゲージ**] こま編み　14目16段＝10cm角

編み方

＊糸は1本どりで編みます。

① 底を編む。くさり編み20目で作り目をし、5段めまで楕円を編む。

② 側面を編む。6段めはすじ編みで1段編み、編み図のとおりに11段めまで編んだら編み終わりはチェーンつなぎをする。

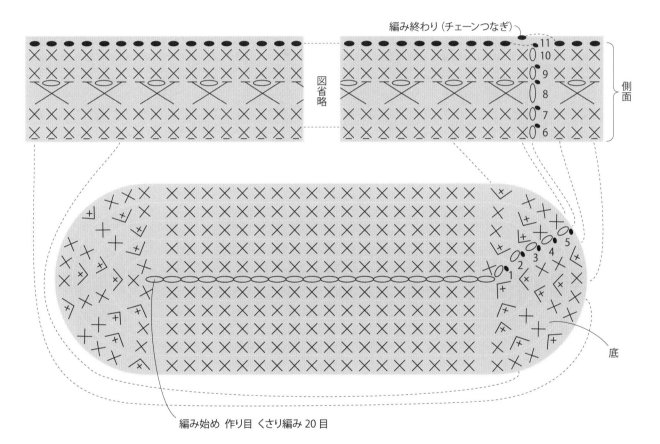

編み終わり（チェーンつなぎ）

図省略

側面

底

編み始め 作り目 くさり編み 20目

段数	目数	増減数
6～11	66目	増減なし
5	66目	毎段6目増
4	60目	
3	54目	
2	48目	
1	くさり20目にこま編み 42目を編み入れる	

※8段めの立ち上がりは1目と数えない

◯ ＝くさり編み

● ＝引き抜き編み

✕ ＝こま編み

✕ ＝こま編みのすじ編み

⊤ ＝中長編み

ⴸ ＝こま編み2目編み入れる

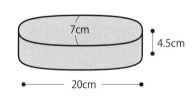

7cm

4.5cm

20cm

【✕中長編みの交差模様】

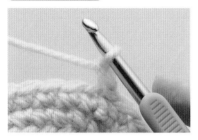

1 編み図のとおり7段めまで編み、8段めの立ち上がりのくさり1目を編む。

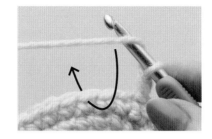

2 糸をかけ、1目とばして3目めに針を入れる。

3 糸をかけて、引き出す。

4 針に3ループかかる。

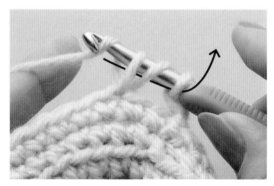

5 糸をかけて、一度に引き抜く。

6 「中長編み」が編めたところ。

7 くさり編みを1目編み、針に糸をかける。

8 前段の1目めに針を入れる。

9 針に糸をかける。

10 糸を引き出す。

11 もう一度糸をかけ、一度に引き抜く。

12 中長編みの交差模様が編めたところ。

13 2〜12をくりかえして、8段めを編む。

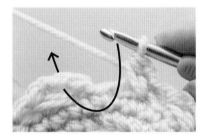

14 8段めの終わりは、1目めの中長編みの頭に引き抜き編みを編む。

15 8段めまで編んだところ。

16 9段めは前段の頭を拾い、こま編みを編む。

17 前段がくさりのときは束に拾って編む。

18 10段めまで編んだところ。

19 11段めは前段1目めはとばして次の目から、前段の頭を拾って引き抜き編みをする。

20 編み終わりの糸は約20cm残してカットし、残した糸をとじ針に通してチェーンつなぎをする。

21 糸始末をして、できあがり。

☑ CHECK

10段め2目めに編んだ引き抜き編みに段数マーカーをつけておきましょう。

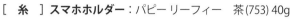

no.10、11 | スマホホルダー、バッグポケット
P.50、51

[　糸　] **スマホホルダー**：パピー リーフィー　茶(753) 40g
　　　　バッグポケット：パピー ミルティコ
　　　　ブルー×グレー(574) 40g

[　針　] かぎ針7/0号、8/0号

[その他] Dカン(幅13mm) 各2個、
　　　　スマホホルダー：ショルダー紐(ベージュ 10mm)
　　　　120cm 1本
　　　　バッグポケット：ハンドル紐(黒 10mm) 20cm 1本

[ゲージ] **スマホホルダー**：模様編み　18目16段＝10cm角
　　　　バッグポケット：模様編み　18目18段＝10cm角

編み方

＊糸は**スマホホルダー**は2本どり、**バッグポケット**は1本どり
　で編みます。

1 7/0号針でくさり編み17目(**バッグポケット**は26目)で作り
　目をし、こま編みを1段編む。

2 8/0号針に変え、21段め(**バッグポケット**は19段め)まで模
　様編みを編み、22段め(**バッグポケット**は20段め)から7/0
　号針に変えて編む。

3 23段め(**バッグポケット**は21段め)の指定の位置でDカン
　を外側に編み込み、25段め(**バッグポケット**は24段め)はバッ
　クこま編みで編む。

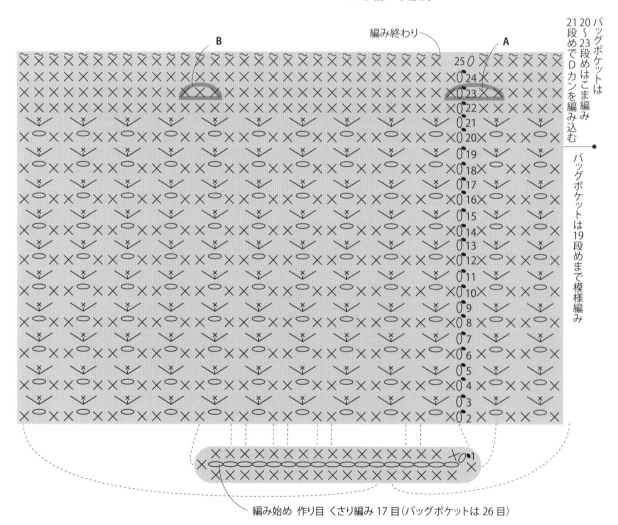

編み終わり

バッグポケットは21段め
20～23段めはこま編み
21 20～23段めでDカンを編み込む
バッグポケットは19段めまで模様編み

編み始め 作り目 くさり編み 17目(バッグポケットは 26 目)

⌒⌒ ＝Dカンつけ位置
バッグポケットの **B** は
26〜28 目めにつける

◯ ＝くさり編み
● ＝引き抜き編み
✕ ＝こま編み
⋏ ＝バックこま編み
\/\/ ＝こま編み3目編み入れる

スマホホルダー

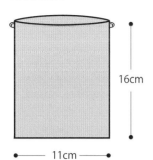

16cm

11cm

バッグポケット

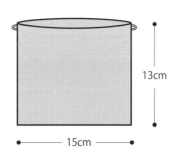

13cm

15cm

編み方1、2　※バッグポケットの編み方で解説します。

1　7/0号針でくさり編み26目で作り目をし、1段編む。2段めからは8/0号針に変えて編む。

2　3段めの立ち上がりのくさり1目を編む。

3　前段のくさり編みを束に拾い、こま編み3目を編み入れる。

4　3をくりかえして1段編む。

5　編み図のとおりに19段めまで編み、20段めからは7/0号針に変える。

 CHECK
Dカンをつける3目の中央の目に段数マーカーをつけます。

6　20段めを編んだら、Dカンをつけるこま編み3目の中央の目に段数マーカーをつける。

 **編み方3**

7　21段めの立ち上がりのくさり1目を編む。

85

8 Dカンに通してから、前段1目めに針を入れる。

9 糸をかけて、矢印のように引き出す。

10 糸を引き出すと、針に2ループかかる。

11 もう一度糸をかけて引き抜く。AのDカンをこま編み1目で編みくるんだところ。

12 続けてこま編みを編む。

13 反対側のDカンつけ位置でBのDカンを編みくるみ、52目めまで編む。

14 最後の2目でAのDカンを編みくるむ。

15 最後は1目めに引き抜き編みを編む。

16 22、23段めはこま編みを編む。

17 立ち上がりのくさり1目を編む。

【⟨ バックこま編み】

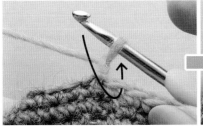

Point
「バックこま編み」は左から右へ編んでいきます。伸びを防いでくれる編み方で、縁編みなどによく使われます。

18 右隣の目の頭に針を入れる。

19 糸をかけて、引き出す。

20 針に2ループかかる。

21 もう一度糸をかけて、2ループを一度に引き抜く。

22 バックこま編みが1目編めたところ。

23 バックこま編みで、左から右へ編み進める。

24 バックこま編みで1段編む。

25 編み終わりの糸は約20cm残してカットし、引き抜いてとじ針に通す。

26 裏面で1〜3目をすくって針を入れ、糸始末をする。

27 Dカンにハンドル紐をつけ、できあがり。

no. 12、13 | レッグウォーマー ハンドウォーマー P.52、53

12 A B

13 A B

レッグウォーマー A

[糸] パピー ブリティシュエロイカ　ミント(202) 90g
[針] かぎ針7/0号
[ゲージ] 模様編み　11目14段=10cm角
[作り目] 28目　[段数] 28段

レッグウォーマー B

[糸] DARUMA メランジスラブ　コルク(2) 180g
[針] かぎ針 8mm
[ゲージ] 模様編み　8目11段=10cm角
[作り目] 40目　[段数] 26段

ハンドウォーマー A、B

[糸] A：ハマナカ ソノモノ アルパカブークレ
　　　　　　　ベージュ(152) 60g
　　　　 B：ハマナカ ソノモノ ヘアリー　茶(123)35g
[針] かぎ針7/0号
[ゲージ] こま編み　17目19段=10cm角
[作り目] 40目　[段数] 32段

編み方

＊糸はハンドウォーマーBは2本どり、他は1本どりで編みます。
1 ハンドウォーマーは編み始めの糸を約50cm残してくさり編みで作り目をし、裏山を拾ってこま編みを1段編む。
2 うね編みで指定の段数を編み、編み終わりの糸は約40cm（レッグウォーマーは約1m）残してカットする。
3 中表に半分に折り、残した糸にとじ針を通して巻きかがり（ハンドウォーマーは親指口を残す）、外表に返す。同じものをもう1枚編む。

※ハンドウォーマーの編み方で解説します。

編み方1、2 【うね編み】

1 ハンドウォーマーは編み始めの糸を約50cm残して編み図のとおりにうね編みで編み、編み終わりの糸は約40cm（レッグウォーマーは約1m）残してカットする。

編み方3 【奥半目の巻きかがり】

2 編み地を中表で半分に折る。編み終わりの残り糸をとじ針に通し、作り目と編み終わりの段それぞれ、奥半目を拾って巻きかがる。

巻きかがり方

Point

『すじ編みとうね編み』

共に同じ記号ですが、編み地を返さずぐるぐる編む輪編みの場合は「すじ編み」になり、往復編みの場合は編み地が凸凹したうね状に仕上がり「うね編み」になります。

3 10目かがったところで糸を引く。レッグウォーマーはそのまま端まで巻きかがり、7に進む。

4 巻きかがった部分に針を通す。

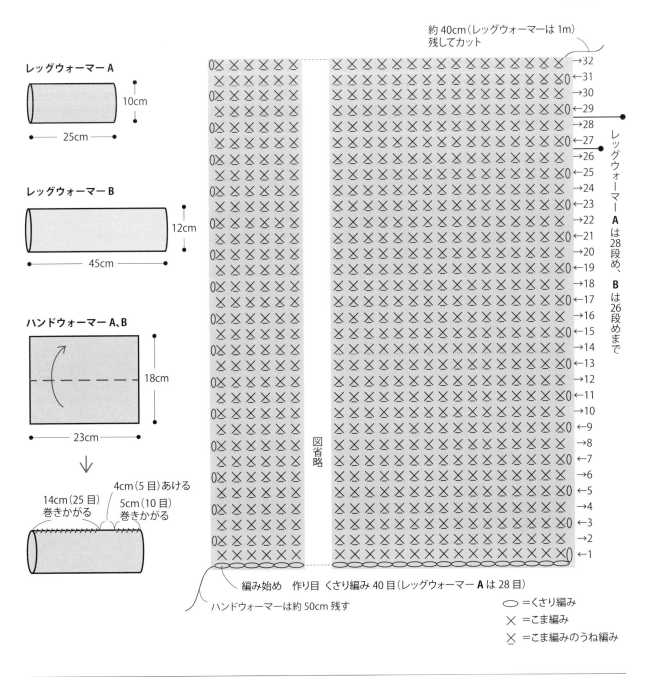

レッグウォーマー A

10cm
25cm

レッグウォーマー B

12cm
45cm

ハンドウォーマー A、B

18cm
23cm

↓

14cm（25目）
巻きかがる

5cm（10目）
巻きかがる

4cm（5目）あける

約40cm（レッグウォーマーは1m）
残してカット
→32
←31
→30
←29
→28
←27
→26
←25
→24
←23
→22
←21
→20
←19
→18
←17
→16
←15
→14
←13
→12
←11
→10
←9
→8
←7
→6
←5
→4
←3
→2
←1

図省略

レッグウォーマー A は28段め、B は26段めまで

編み始め　作り目　くさり編み40目（レッグウォーマー A は28目）

ハンドウォーマーは約50cm残す

⬯ ＝くさり編み
✕ ＝こま編み
✕ ＝こま編みのうね編み

5 反対方向に戻って針を通し、余った糸はカットする。

6 編み始めの残り糸をとじ針にに通し、それぞれ手前半目を拾って25目巻きかがる。

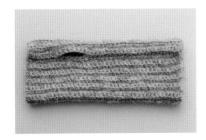

7 糸始末をしたら、表に返してできあがり。

no. 14 | ミニマフラー
P.54

[糸] 毛糸ピエロ ニーム エム　グレー(17) 115g
[針] かぎ針10/0号
[ゲージ] 模様編み　13目14段＝10cm角

編み方

＊糸は2本どりで編みます。

1 くさり編み19目で作り目をし、
裏山を拾って1段めを編む。

2 偶数段はこま編みを編み、奇数段は前々段の長編みまたは、
長編み表引き上げ編みの足に「長編み表引き上げ編み」を
しながら39段めまで編む。

3 外表で半分に折り、裏山以外の作り目と39段めを拾いなが
ら40段めを編む。

4 41段めの長編み表引き上げ編みは39段めの長編み表引き
上げ編みの足に編み、続けて137段めまで編む。

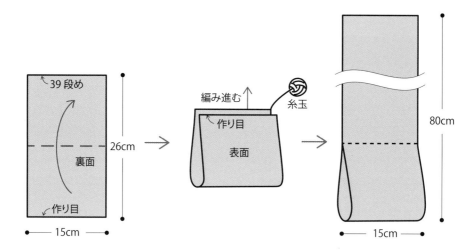

編み方1　※見やすくするために糸を変えて編んでいます。　　　　編み方2

1 くさり編み19目で作り目をする。立ち上がりのくさり2目を編み、糸をかける。

2 裏山を拾って長編みで1段めを編む。

3 編み図のとおり2段めまで編み、立ち上がりのくさり1目を編んで、編み地を返す。

P.92へ続く

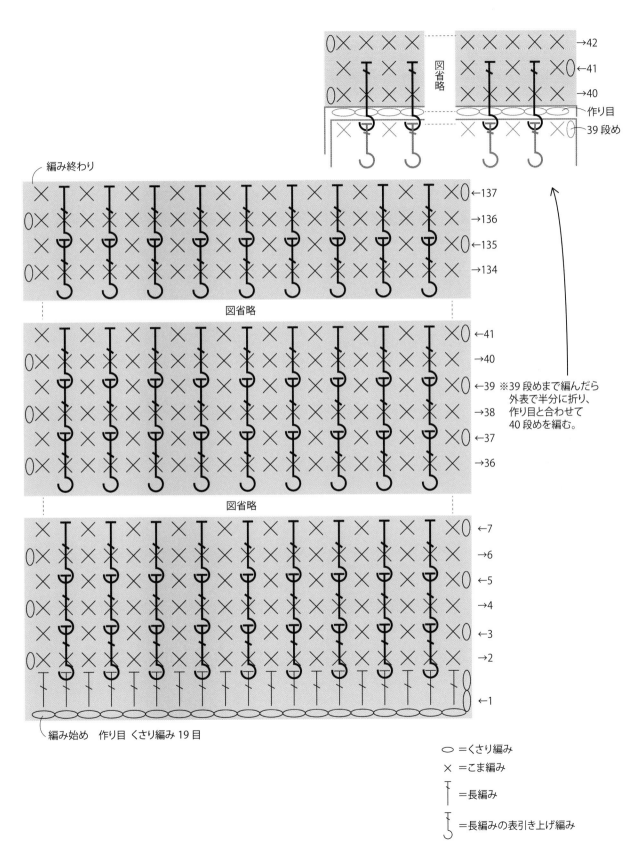

編み終わり

→42
←41
→40
作り目
39 段め

図省略

←137
→136
←135
→134

図省略

←41
→40
←39
→38
←37
→36

※39 段めまで編んだら
外表で半分に折り、
作り目と合わせて
40 段めを編む。

図省略

←7
→6
←5
→4
←3
→2
←1

編み始め　作り目　くさり編み 19 目

◯ ＝くさり編み

× ＝こま編み

┃ ＝長編み

┣ ＝長編みの表引き上げ編み

91

【 長編み表引き上げ編み】

4 こま編みを1目編む。

5 糸をかけ、1段めの長編みの足を拾って針を入れる。

6 糸をかけ、矢印のように糸を引き出す。

7 糸を引き出したところ。

8 もう一度糸をかけ、2ループを引き抜く。

Point 『長編み表引き上げ編み』

すでに編んでいる目の足の表面、右から左に針を入れて糸を引き上げて編みます。編み目が浮き出るような立体感のある編み地に仕上がります。

9 もう一度糸をかけ、針にかかった2ループを引き抜く。

10 「長編み表引き上げ編み」が編めたところ。

11 次の目に針を入れて、糸を引き出す。

12 こま編みを編む。

13 5〜12をくりかえし、3段めを編み、4段めはこま編みを編む。

14 5段めの立ち上がりのくさり1目、こま編み1目を編み、針に糸をかける。

15 3段めの長編み表引き上げ編みの足を拾って「長編み表引き上げ編み」を編む。

編み方 3

16 奇数段は前の奇数段の長編み表引き上げ編みの足に「長編み表引き上げ編み」をしながら39段めまで編む。

17 40段めの立ち上がり1目を編み、編み地を返す。外表で半分に折る。

18 裏山以外の作り目と39段めの頭に針を入れる。

19 こま編みを編む。

20 裏山以外の作り目と39段めの頭を拾いながらこま編みで40段めを編む。

21 41段めの立ち上がりのくさり1目を編み、編み地を返して、こま編み1目を編む。

編み方 4

22 41段めは39段めの長編み表引き上げ編みの足を拾い、長編み表引き上げ編みを編む。

23 編み図のとおりに137段めまで編む。編み終わりの糸を約20cm残してカットし、糸始末をしたらできあがり。

no.15 三角ショール
P.55

[糸] DARUMA チップスパイラル
　　　　ホワイトベース(1) 310g
[針] かぎ針10/0号
[ゲージ] 模様編み　15目15段=10cm角

編み方

＊糸は1本どりで編みます。
わの作り目をし、編み図のとおりに往復編みで65段めまで編む。

90cm
64cm
140cm

◯=くさり編み
╳=こま編み
⊤=中長編み

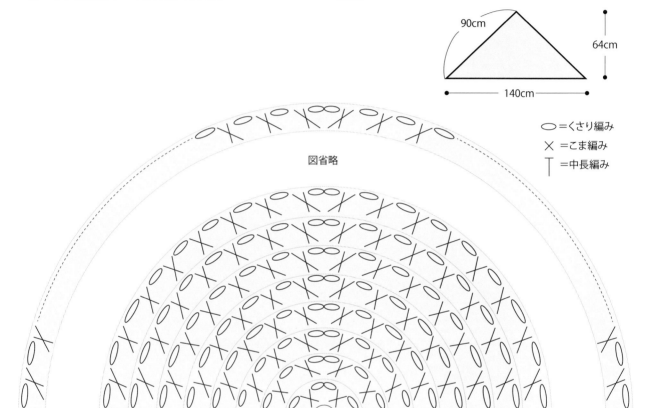

図省略

わ

↑1　↓2　↑3　↓4　↑5　↓6　↑7　↓8　　　65

編み終わり

編み方　※見やすくするために糸を変えて編んでいます。

1　わの作り目をする。

2
糸をかけて引き抜き、編んだ目を引き締める。この目は目数に数えない。

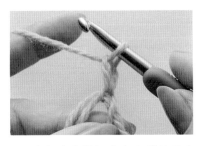

3 少し大きめに立ち上がりのく
さり1目を編む。

4 わの作り目に中長編みを編み
入れる。

5 編み図のとおりに、わの作り目
に1段めを編み入れる。

☑ **CHECK**

三角のベースができた
ら、ここからは往復編
みで編みます。

6 針を一度外し、わを引
き締めたら針を戻す。

7 2段めの立ち上がりのくさり1
目を少し大きめに編み、編み地
を返す。

8 中長編み1目、くさり編み1目を
編む。

9 前段のくさり編みを束に拾っ
てこま編みを編む。

10 くさり編み1目を編み、前段の
くさり編みを束に拾ってこま
編みを編む。

11 くさり編みを2目編む。

12 10と同じ前段のくさり編み
を束に拾ってこま編みを編む。

13 2段めまで編んだところ。65
段めまで編み図のとおりに編
む。

no. 16、17 | ネックウォーマー ねじりネックウォーマー
P.56、57

 16

 17

ネックウォーマー

[糸] ハマナカ アメリー エル《極太》 茶（103）95g

[針] かぎ針 8mm

[ゲージ] 模様編み 11目7段＝10cm角

[作り目] 29目 [段数] 30段

ねじりネックウォーマー

[糸] DARUMA ウールモヘヤ レモン（13）60g

[針] かぎ針10/0号

[ゲージ] 模様編み 15目7段＝10cm角

[作り目] 35目 [段数] 40段

編み方

＊糸は1本どりで編みます。

1 くさり編みでゆるめに作り目をし、1段めは作り目の裏山を拾って編む。模様編みはこま編みを1目、こま編みの左側の足1本を拾って中長編みを編む。2段め以降はこま編みをうね編みにする。

2 編み図のとおりに編んだら、編み終わりの糸は約1m残してカットする。

3 中表に折って（ねじりネックウォーマーは編み地をねじって）両端を合わせる。編み終わりの糸をとじ針に通し、目の頭を全部拾って巻きかがり、表に返す。

ネックウォーマー

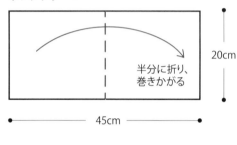

半分に折り、巻きかがる

20cm

45cm

 表に返す

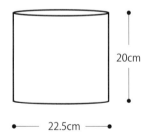

20cm

22.5cm

ねじりネックウォーマー

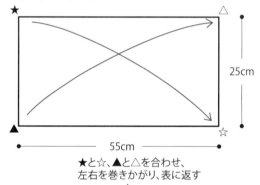

★ △

25cm

▲ ☆

55cm

★と☆、▲と△を合わせ、左右を巻きかがり、表に返す

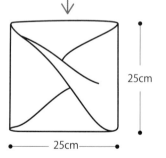

25cm

25cm

編み方1 ──── 【＼╲×模様編み】

1 くさり編みでゆるめに作り目を編む。

2 1段めは作り目の裏山を拾って編む。

3 こま編みを1目編む。

P.98へ続く

約1m残してカット

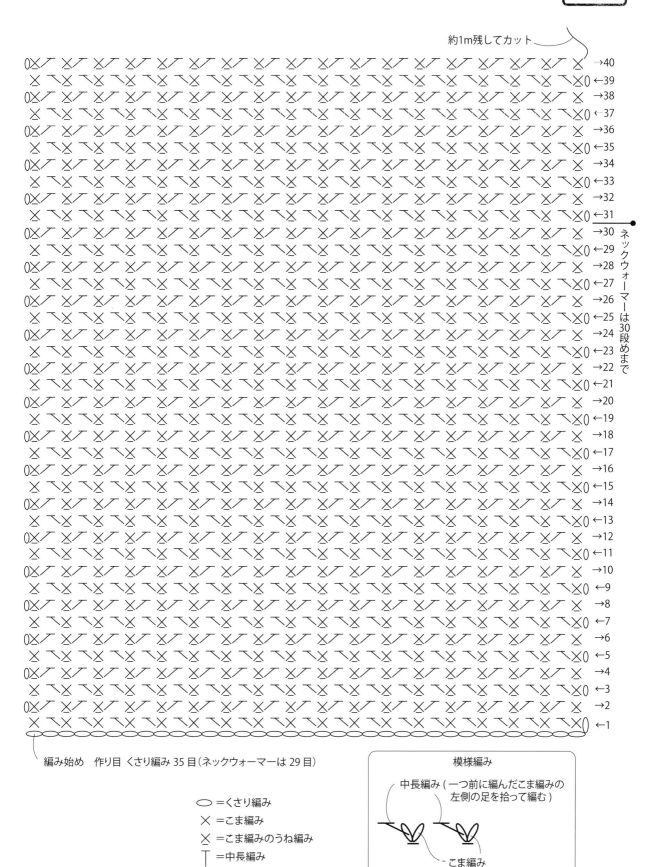

ネックウォーマーは30段めまで

編み始め　作り目　くさり編み 35 目（ネックウォーマーは 29 目）

- ⬭ ＝くさり編み
- ✕ ＝こま編み
- ✕ ＝こま編みのうね編み
- T ＝中長編み

模様編み

中長編み（一つ前に編んだこま編みの左側の足を拾って編む）

こま編み

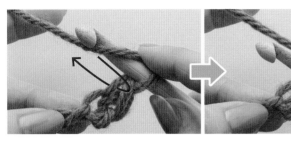

4 糸をかけ、**3**で編んだこま編みの足の左側1本を拾って針を入れる。

5 糸をかけて引き出すと、針に3ループかかる。

6 針に糸をかけ、一度に引き抜く。

7 こま編みの足1本を拾って中長編みが編めたところ。

8 編み図のとおりに模様編みで1段めを編む。

9 2段め以降のこま編みはうね編みする。

編み方 2

10 編み図のとおりに編んだら、編み終わりの糸は約1m残してカットする。

編み方 3

11 ネックウォーマーは中表で半分に折り、ねじりネックウォーマーは☆と★、△と▲を合わせ、作り目と編み終わりの段を合わせる。

12 編み終わりの糸をとじ針に通し、目の頭を全部拾って巻きかがり（P.34参照）、表に返す。

no. 18 | ニット帽
P.58、59

A　B

A

[　糸　] DARUMA ニッティングコットン　紺(7)110g
[　針　] かぎ針8/0号
[ゲージ] 模様編み　20目14段 =10cm 角

B

[　糸　] DARUMA ウールロービング　キャロット(8)100g
[　針　] かぎ針 7mm
[ゲージ] 模様編み 14目10段 =10cm 角

編み方

＊糸は1本どりで編みます。

1. くさり編み54目(**B**は38目)で作り目をし、裏山を拾って1段めを編む。

2. 編み図のとおりに編み、編み終わりの糸を約1m20cm(**B**は2m20cm)残してカットする。

3. 外表で半分に折って両端を合わせる。編み終わりの糸をとじ針に通して1本どり(**B**は2本どり)で巻きかがる。

4. 続けてトップを1周かがり、絞り止めして表に返す。
(編み地の裏面が表になる)

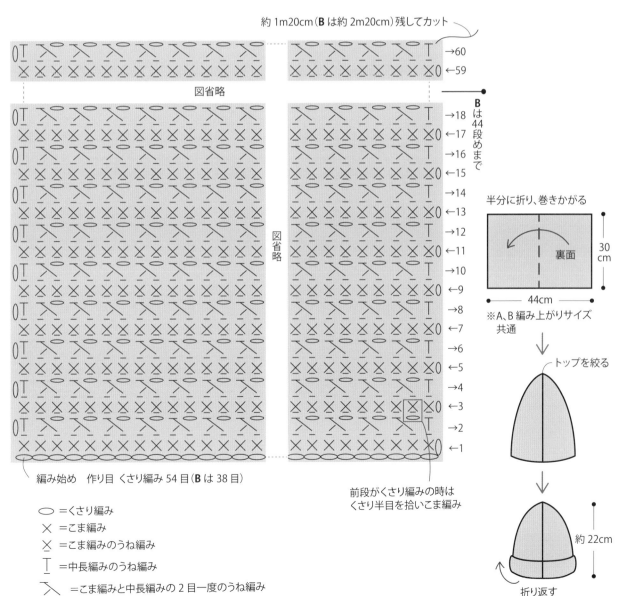

約 1m20cm(**B** は約 2m20cm)残してカット

図省略

図省略

→60
←59

B は 44 段めまで

→18
←17
→16
←15
→14
←13
→12
←11
→10
←9
→8
←7
→6
←5
→4
←3
→2
←1

編み始め　作り目 くさり編み 54 目(**B** は 38 目)

前段がくさり編みの時は
くさり半目を拾いこま編み

半分に折り、巻きかがる

裏面

30 cm

44cm

※A、B 編み上がりサイズ共通

トップを絞る

約 22cm

折り返す

◯ =くさり編み

× =こま編み

× =こま編みのうね編み

┬ =中長編みのうね編み

へ =こま編みと中長編みの 2 目一度のうね編み

編み方1 ── 【 Ⅰ 中長編みのうね編み】───────

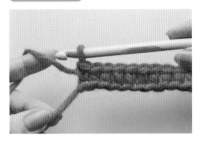

1 くさり編み38目(**A**は54目)で作り目をし、裏山を拾って1段めを編む。

2 2段めの1目めは、糸をかけて前段の1目めの奥半目に針を入れる。

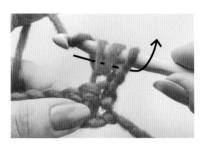

3 糸をかけて引き出し、もう一度糸をかけて、一度に引き抜く。

【 ╲ こま編みと中長編みの2目一度のうね編み】──────

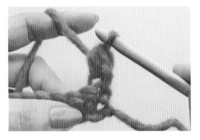

4 「中長編みのうね編み」が編めたところ。

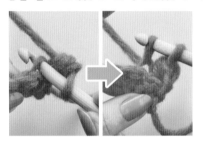

5 次の目の奥半目に針を入れて、糸を引き出す。

6 糸をかけ、さらに次の目の奥半目に針を入れる。

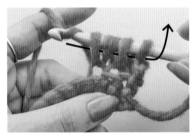

7 糸をかけて引き出し、もう一度糸をかけて一度に引き抜く。

8 「こま編みと中長編みの2目一度のうね編み」が編めたところ。

9 くさり編みを1目編む。

10 こま編みと中長編みの2目一度のうね編み、くさり編み1目をくり返し、最後は中長編みのうね編みを編む。

11 3段めのこま編みも、奥半目を拾ってうね編みをする。

12 前段がくさり編みの部分は、くさり編み半目を拾って編む。続けて編み図のとおりに44段め（**A**は60段め）まで編む。

13 編み終わりの糸を約2m20cm（**A**は約1m20cm）残してカットする。

14 外表で半分に折って両端を合わせる。編み終わりの糸を半分にして2本どり（**A**は1本どり）でとじ針に通す。

【奥半目と全目の巻きかがり】

巻きかがり方

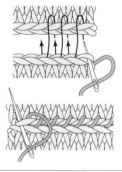

15 最終段は奥半目を拾い、作り目側は頭を全部拾って巻きかがる。

16 端まで巻きかがったら、編み地を縦にしてトップを1段ずつかがる。

17 1周かがったら、糸を強めに引いて絞る。

☑ CHECK

あまり強く引きすぎると**B**の糸は切れやすいので注意！

18 しっかり絞ったら、十字に針を通して絞り止めする。

19 糸始末をする。

20 表に返して約7cm折り返して、できあがり。（この作品は、編み地の裏面が表になる）

no. 19 | ネットバッグ
P.60

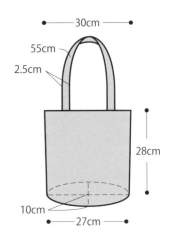

[糸] 毛糸ピエロ アミアンワイド
ミストグレー (08) 160g
[針] かぎ針8/0号、9/0号
[ゲージ] こま編み　15目14段＝10cm角
　　　　模様編み　5目5.5段＝10cm角

編み方

＊糸は1本どりで編みます。

1 底を編む。8/0号針でくさり編み29目で作り目をし、編み
　図のとおりに7段めまで編む。

2 側面を編む。9/0号針に変え、20段めまで模様編みを編ん
　だら8/0号針に持ち変えて26段めまで編む。最後はチェー
　ンつなぎする。

3 持ち手を編む。8/0号針でくさり編み83目で作り目をし、
　編み図のとおりに編む。編み終わりの糸は約60cm残し
　てカットする。作り目の反対側から目を拾ってこま編み
　を1段編み、編み終わりの糸は約60cm残してカットする。
　これを2本編み、裏面を表側にする。

4 残り糸をとじ針に通し、指定の位置に持ち手を縫いつける。

持ち手つけ位置

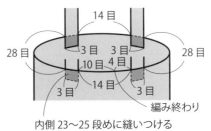

編み方2

1 9/0号の針に持ち変えて8段め
の立ち上がりのくさり2目を編
んだところ。

2 4目めに長編みを編む。

3 くさり編みを2目編む。

【 長編み2目一度 】

4 2と同じ目に未完成
の長編みを編む。

5 続けて、7目めにも未完成の長
編みを編む。

P.104へ続く

本体

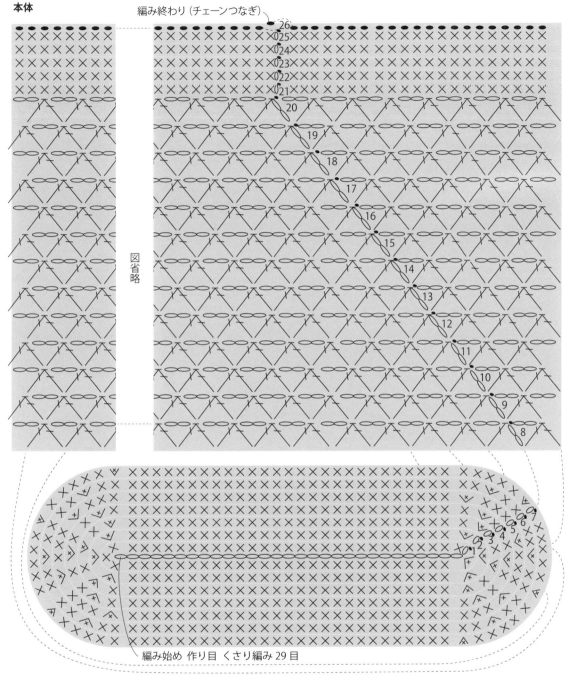

編み終わり（チェーンつなぎ）

26
025
024
023
022
021
20
19
18
17
16
15
14
13
12
11
10
9
8

図省略

編み始め　作り目　くさり編み 29目

△ =糸をつける　◯ =くさり編み　● =引き抜き編み　✕ =こま編み

ᗡ =こま編み2目編み入れる　╆ =長編み　ʌ =長編み2目一度

持ち手　※裏面を表側にする

編み始め
作り目
くさり編み 83目

図省略

約60cm残してカット

約60cm残してカット

→2
←1

約60cm残してカット

作り目の反対側から
目を拾ってこま編み。
反対側1段めで
くさり編みの部分は
作り目を束に拾って編む

段数	目数	増減数
8〜26	96目	増減なし
7	96目	毎段6目増
6	90目	
5	84目	
4	78目	
3	72目	
2	66目	
1	くさり29にこま編み60目を編み入れる	

6 糸をかけて一度に引き抜き、2目あけた「長編み2目一度」が編めたところ。

7 くさり編みを2目編む。

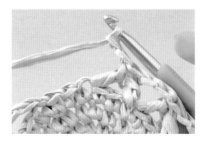

8 4〜7をくりかえし、8段めを編む。

9 8段めの最後の長編みは前段の1目めの頭を拾う。

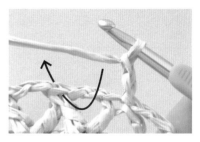

10 長編み2目一度を編む。

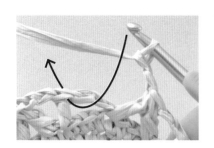

11 くさり編み2目を編み、最初の長編みの頭に引き抜き編みを編む。

12 8段めが編めたところ。

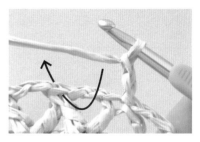

13 9段めは、前段の長編み2目一度の頭に編み入れていく。

編み方3、4

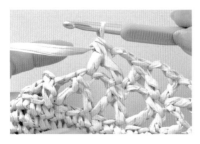

14 20段めまで模様編みを編んだら、8/0号針に持ち変えて26段めまで編む。

15 本体が編み上がったところ。

16 8/0号針で持ち手を編み、残り糸をとじ針に通して、指定の位置に縫いつける。

no. 20 ポンポン糸のスヌード
P.61

[糸] DARUMA ポンポンウール
　　　ダークグレー×イエロー（7）200g
[針] かぎ針 8mm
[ゲージ] 模様編み　14目6段＝10cm角

編み方

＊糸は1本どりで編みます。

1. くさり編み28目で作り目をし、裏山を拾って1段めを編む。
2. 編み図のとおりに中長編みのうね編みで82段めまで編んだら、編み終わりの糸は約70cm残してカットする。
3. 中表で半分に折って両端を合わせる。編み終わりの糸をとじ針に通し、奥半目を拾って巻きかがり（P.88参照）、表に返す。

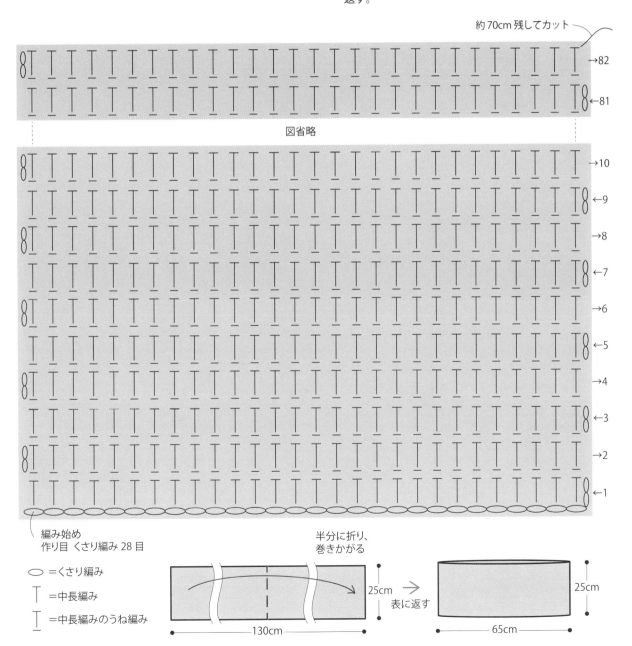

約70cm残してカット

→82
←81

図省略

→10
←9
→8
←7
→6
←5
→4
←3
→2
←1

編み始め
作り目 くさり編み 28目

半分に折り、
巻きかがる

25cm

表に返す

25cm

130cm

65cm

◯ ＝くさり編み

丅 ＝中長編み

丅 ＝中長編みのうね編み

no. 21 | 円底の巾着型バッグ
P.61

[糸] DARUMA ギーク　ブルー×クロムイエロー(2) 240g
[針] かぎ針8/0号
[その他] コード(茶 6mm) 80cm 1本
　　　　 ストラップコード用
　　　　 パーツセット　1セット
[ゲージ] こま編み　14目14段=10cm角
　　　　 模様編み　15目9段=10cm角

本体

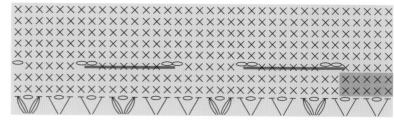

◯ =くさり編み

⬮ =引き抜き編み

× =こま編み

┬ =中長編み

⑂ =中長編み3目の玉編み

 =こま編み2目編み入れる

▨ =持ち手つけ位置

持ち手

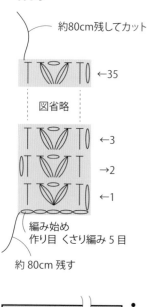

約80cm残してカット

←35

図省略

←3
→2
←1

編み始め
作り目 くさり編み 5目

約 80cm 残す

4cm

50cm

段数	目数	増減数
16〜37	90目	増減なし
15	90目	
14	84目	
13	78目	
12	72目	
11	66目	
10	60目	
9	54目	毎段6目増
8	48目	
7	42目	
6	36目	
5	30目	
4	24目	
3	18目	
2	12目	
1	わの作り目にこま編み 6目編み入れる	

編み方

＊糸は2本どりで編みます。

1 本体を編む。わの作り目から15段めまで円底を編む。16段めからは編み図のとおりに側面を編む。

2 持ち手を編む。編み始めの糸を約80cm残してくさり編み5目で作り目をし、編み図のとおりに35段めまで編む。編み終わりの糸も約80cm残してカットする。

3 持ち手の残り糸をとじ針に通し、本体内側の指定の位置に両端を縫いつける。

4 32段めにコードを通し、ストラップコード用パーツをつける。

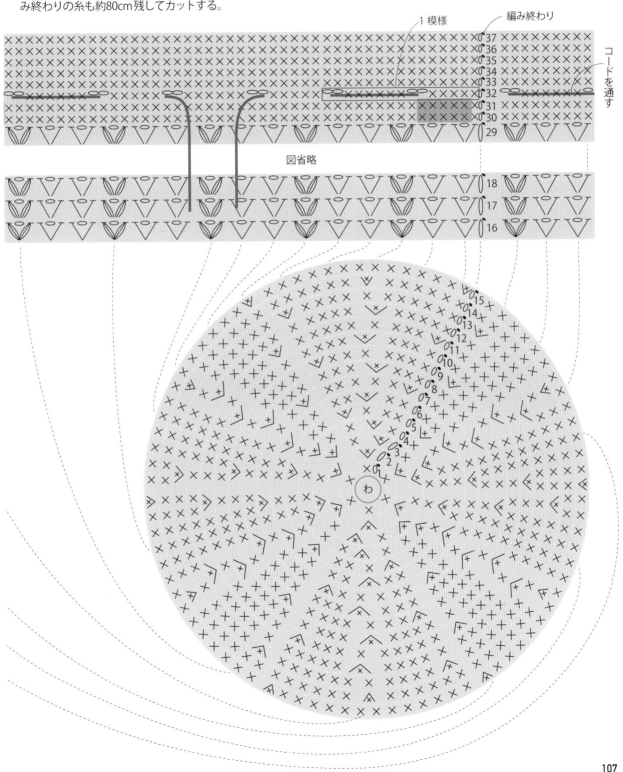

1 模様

編み終わり

コードを通す

図省略

わ

編み方1

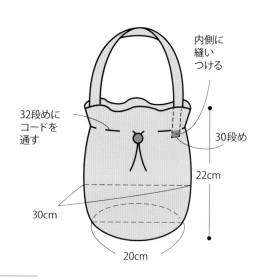

32段めに
コードを
通す

内側に
縫い
つける

30段め

22cm

30cm

20cm

1 わの作り目から15段めまで円
底を編む。16段めの立ち上が
りのくさり1目を編む。

2 15段めの2目めに中長編みを編
む。

3 くさり編みを1目編む。

4 2と同じ目にもう一度中長編み
を編む。

5 2目とばして5目めに2〜4をく
りかえし編み入れる。

6 8目めに中長編み3目の玉編み
を編む。

7 くさり編みを1目編む。

8 6と同じ目にもう一度中長編み
3目の玉編みを編み入れる。

9 編み図のとおりに模様編みを
編む。

no. 22 | モチーフ24枚の スクエアバッグ P.62

[**糸**] パピー ミニスポーツ　紺(429) 220g、
　　　 きなり(420) 50g、茶(702) 50g
[**針**] かぎ針6/0号
[**ゲージ**] こま編み　22目21段=10cm角
　　　 モチーフ　5段=9.5cm角

編み方

＊糸は1本どりで編みます。

1 モチーフを編む。わの作り目をし、模様編みで5段めまで
　編む(P.113、114参照)。

2 モチーフを24枚編んだら、それぞれを巻きかがりでつなげ
　る(P.110「つなぎ方」、P.143「モチーフのつなぎ方」参照)。
　両サイドのモチーフは中表で半分に折って底をかがる。

3 持ち手を編む。本体の指定の位置に糸をつけ、編み図のと
　おりに編み、最後はとじ針を使って本体に巻きかがる。

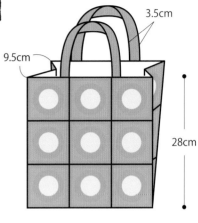

3.5cm

9.5cm

28cm

28cm

編み方1

1 モチーフを24枚編む。(P.113〜
　参照)

Point 『アイロンがけ』

編み終わったモチーフは、まち針で引っ張るように形を整えてスチームアイロンをかけます。形や編み目がきれいに仕上がるので、モチーフに限らず、仕上げのアイロンがけをおすすめします。編み目が潰れないよう、アイロンは必ず浮かせてスチームをあてましょう。熱に弱い糸もあるので、使用した糸のラベル(P.13参照)をチェック。

モチーフをアイロン台にのせ、四隅にまち針を打ちます。アイロンを少し浮かせてスチームを当て、冷めるまでそのままにしておきます。

編み方2

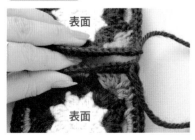

2 モチーフの表裏を確認し、2枚
を外表に合わせる。

3 紺の糸をとじ針に通し、モチー
フの角、それぞれの内側にある
半目を拾って針を入れる。

4 内側にある半目を1目ずつ拾っ
て巻きかがる。

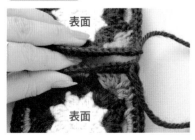

P.111へ続く

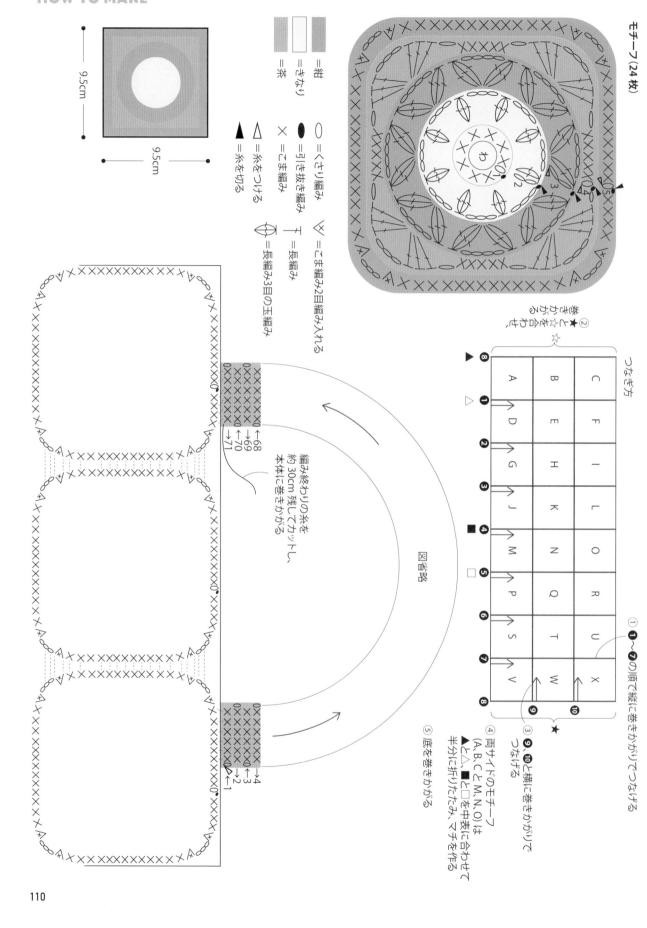

モチーフ（24枚）

=紺
=きなり
=茶

○ =くさり編み
● =引き抜き編み
× =こま編み

✕／ =こま編み2目編み入れる

━ =長編み
┳ =長編み

△ =糸をつける
▲ =糸を切る

△ =糸をつける
▲ =糸を切る
⌂ =長編み3目の玉編み

9.5cm
9.5cm

つなぎ方

C	F	I	L	O	R	U	X
B	E	H	K	N	Q	T	W
A	D	G	J	M	P	S	V
▲❽	△❶	❷	❸	■❹	□❺	❻	❼

① ❶〜❼の順で縦に巻きかがりでつなげる
② ★と▲をきかがわせる
③ ★と☆を巻きかがりでつなげる
④ ❾、❿と横に巻きかがりでつなげる
⑤ 両サイドのモチーフ(A,B,CとM,N,O)は▲と△、■と□を中表に合わせて半分に折りたたみ、マチを作る
⑥ 底を巻きかがる

図省略

編み終わりの糸を
約30cm残してカットし、
本体に巻きかがる

0× →68
0× →69
0× →70
→71

0× →4
0× →3
0× →2
→1

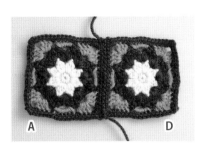

5 AとDがつながったところ。

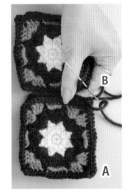

6 続けてBとEを同じように巻きかがる。

✓ **CHECK**

❶〜❼までつないだら、両端を合わせて❽をかがり、わにしてから❾、❿を巻きかがります。

7 AとD、BとEを続けて巻きかがりでつないだところ。続けてCとFを巻きかがる。以降、P.110の「つなぎ方」の順に巻きかがる。

| 編み方 3 |

9 持ち手のつけ位置に針を入れて、糸をつける。

8 両脇のモチーフは中表で半分に折ってバッグの形を整え、底を巻きかがる。

✓ **CHECK**

底を巻きかがる際は、両脇のマチ部分で半分に折ったモチーフを合わせると、4枚を一度に巻きかがることになります。折ったモチーフの部分は全目を拾いましょう。

10 立ち上がりのくさり1目を編む。

11 往復編みで編み図のとおりに持ち手を編む。

---

12 持ち手の最後は本体に巻きかがりでとじつける。反対側の持ち手も同様につける。

13 できあがり。

✓ **CHECK**

両脇にマチがついた状態です。

no. 23 モチーフ2枚のミニ巾着

P.63

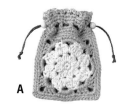

A　B

[　糸　] ハマナカ 世界のコットン ペルーグランデ
　　　　A：薄紫(408) 20g、生成り(401) 8g、黄(405) 8g
　　　　B：黄(405) 35g
[　針　] かぎ針7/0号
[その他] 紐(茶) 35cm 各2本
　　　　ウッドビーズ(10mm) 各2個
[ゲージ] モチーフ　10cm角

編み方

＊糸は1本どりで編みます。

1 わの作り目をし、編み図のとおりにモチーフを2枚編む。

2 モチーフ2枚を外表に合わせ、3辺を引き抜き編みでつなげる。

3 続けて2でつながなかった辺をすじ編みで1周編み、輪編みで6段めまで編む。

4 入れ口の3段めに両脇から紐を通し、糸端2本にウッドビーズを通して結ぶ。

モチーフ(2枚)

= 黄
= 生成り
= 薄紫
◁ = 糸をつける
◀ = 糸を切る

◯ = くさり編み
● = 引き抜き編み
✕ = こま編み
✕ = こま編みのすじ編み
∨ = こま編み2目編み入れる
丅 = 中長編み
干 = 長編み
◈ = 長編み3目の玉編み

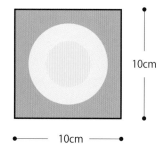

10cm

10cm

入れ口

6
5
4
3
2
1

裏側に続けて編む

モチーフ2枚を外表で合わせ内側1本を拾って引き抜き編みでつなげる

モチーフ

入れ口の3段めに紐を通す

14cm

10.5cm

ウッドビーズを通し端を結ぶ

編み方1

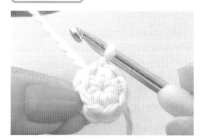

1 黄の糸でわの作り目をし、こま編み8目編み入れる。

2 2段めの立ち上がりのくさり2目を編む。これを未完成の長編み1目とする。

3 1目めに未完成の長編みを編む。

4 3と同じ目に未完成の長編みをもう一度編むと、針に3ループかかる。

5 糸をかけ、一度に引き抜き1目めが編めたところ。

6 くさり編みを3目編む。

7 次の目に長編み3目の玉編み（P.143参照）を編む。続けて編み図のとおり2段めを編んだところ。

✓ CHECK

2段めを最後まで編んだら、糸端を約10cm残してカットし、引き抜きます。糸端はモチーフを編み終えてから、糸始末をしましょう。

8 生成りの糸をつけ、前段のくさり編みを束に拾って3段めの立ち上がりのくさり2目を編む。

9 編み図のとおりに3段めを編み、編み終わりの糸を約10cm残してカットする。

10 4段めは薄紫の糸で編む。

11 編み図のとおりに5段めを編み、糸始末をする。同じものをもう1枚編む。

編み方2

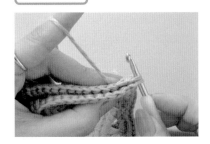

12 モチーフ2枚を外表に合わせ、糸をつける。合わせた目の頭、内側の1本ずつを拾って針を入れる。

13 糸をかけて、引き抜く。

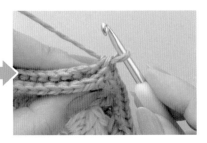

14 3辺を引き抜き編みでつなげる。

編み方3

15 続けて立ち上がりのくさり1目を編み、つながなかった辺のモチーフ1枚にこま編みのすじ編みを編む。

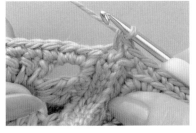

16 モチーフ1枚目の端まで編んだところ。

17 反対側のモチーフの角、くさり編み3目の真ん中から続けてこま編みのすじ編みで編む。

18 輪編みで編み図のとおりに編む。Bのモチーフは糸変えをせず、最後まで続けて編む。

編み方4

19 入れ口の3段めに両脇から紐を通す。糸端2本にウッドビーズを通して結び、できあがり。

no. 28 | プラントハンガー
P.67

[糸] A：DARUMA ストライプス
　　　シトラス×ホワイト（4）25g、シトラス（5）25g
　　　B：DARUMA リネンラミーコットン並太
　　　スカーレット（8）30g
[針] かぎ針10/0号
[ゲージ] 模様編み　2段＝直径10cm

編み方

＊糸は2本どりで編みます。

1 本体を編む。わの作り目をし、くさり編み6目を編み、編み図のとおりに6段めまで編む。

2 紐を編む。6段めの指定の位置に糸をつけ、くさり編みを31目編み、編み終わりの糸は約50cm残してカットする。

3 5カ所にくさり編みで紐をつけたら、5本を束ねてくさり編みの最後の部分で結ぶ。残した糸を約15cm三つ編みし、くさり編み最後の部分にもう一度結ぶ。残り糸は10cm残してカットする。

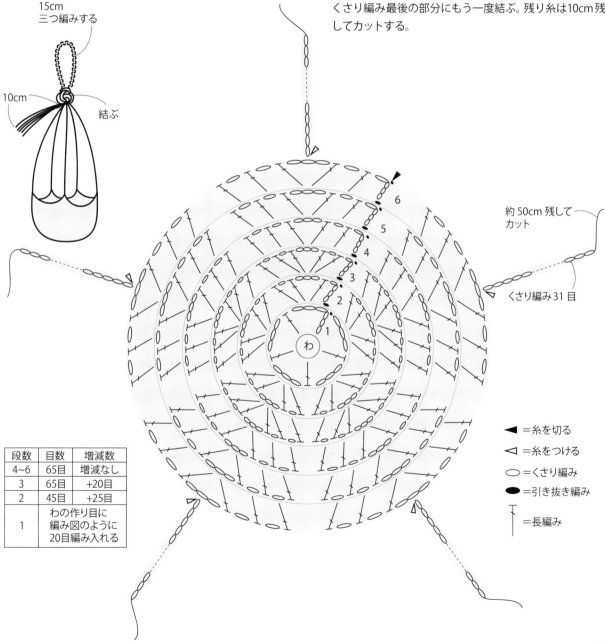

15cm
三つ編みする

10cm　　結ぶ

約50cm 残して
カット

くさり編み31目

段数	目数	増減数
4〜6	65目	増減なし
3	65目	+20目
2	45目	+25目
1	わの作り目に編み図のように20目編み入れる	

◀ ＝糸を切る
◁ ＝糸をつける
◯ ＝くさり編み
● ＝引き抜き編み
| ＝長編み

115

編み方1

1 わの作り目からくさり1目を編み、引き締める。この目は目数に数えない。続けて、くさり編みを6目編む。

2 わの作り目に長編みを編み入れ、くさり編み3目を編む。これを4回くりかえす。

3 編み始めの糸端を引き、わを引き締める。最後はくさり編みの3目めに引き抜き編みをしたら、次のくさり編みを束に拾い、もう一度引き抜き編みを編む。

4 2段めの立ち上がりのくさり3目に続いて、くさり編みを1目編む。

5 針に糸をかけ、前段のくさりを束に拾って針を入れる。

6 編み図のとおりに模様編みを編む。

7 3段め立ち上がりの手前まで編んだところ。

8 編み図のとおりに6段めまで編み、糸始末をする。

編み方2

9 指定の位置に2本どりで糸をつける。

10 くさり編みを31目編み、編み終わりの糸は約50cm残してカットして引き抜く。

116

編み方3

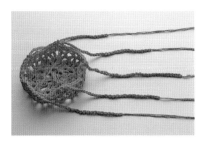

11 **9**、**10**をくりかえし、紐が5本ついたところ。

12 5本を束ねて、くさり編みの編み終わり部分で結ぶ。

【三つ編み】

c　b　a

13 残り糸10本を3束に分ける。右からa、b、cとする。

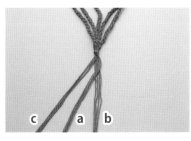

c　a　b

14 aはbの上を通して、bの左側に置く。

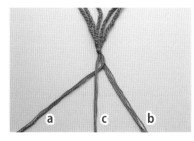

a　c　b

15 cはaの上を通して、aの右側に置く。

16 新たに右から順に**a**、**b**、**c**として**14**、**15**の動きをくりかえし、15cm三つ編みをする。

17 三つ編みの最後を**12**の結び目の上に結びつける。

18 しっかり結び、糸端は10cm残してカットする。

19 できあがり。

no. 24 花モチーフのヘアゴム
P.63

[糸] DARUMA iroiro
　　A：マッシュルーム（2）、フラミンゴ（39）各3g
　　B：フラミンゴ（39）、カナリヤ（29）各3g
[針] かぎ針5/0号
[その他] 手芸用接着剤、丸皿つきヘアゴム 各1個

【編み方】

＊糸は1本どりで編みます。
1. わの作り目をし、モチーフをそれぞれ編み図のとおりに編む。小は裏面を表にするので、表面で糸始末をする。
2. 手芸用接着剤でヘアゴムの丸皿とモチーフを貼りつける。

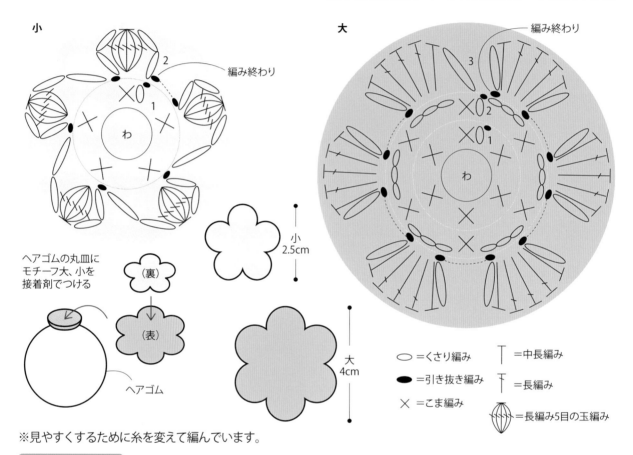

小

大

編み終わり

ヘアゴムの丸皿に
モチーフ大、小を
接着剤でつける

（裏）
↓
（表）

ヘアゴム

小
2.5cm

大
4cm

○ ＝くさり編み　　　　　　T ＝中長編み

● ＝引き抜き編み　　　　　T ＝長編み

× ＝こま編み

⬭ ＝長編み5目の玉編み

※見やすくするために糸を変えて編んでいます。

【小の編み方 1】 ━━━ 【🏵長編み5目の玉編み】

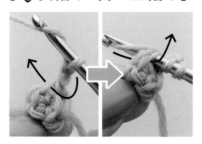

1 わの作り目にこま編み5目を編み入れる。最後は1目めに引き抜き編みを編む。

2 立ち上がりのくさり2目を編み、糸をかけて、前段のこま編みの頭に針を入れる。もう一度糸をかけ、矢印のように引き出す。

3 糸をかけて、矢印のように2ループを引き抜く。

✓ CHECK
長編みの途中なので
「未完成の長編み」に
なります。

4 未完成の長編みが1目
編めたところ。

5 未完成の長編みをあと4目編む
と、針に6ループかかる。

6 針に糸をかけて、一度に引き抜
く。

7 「長編み5目の玉編み」が編め
たところ。

8 くさり編みを2目編み、「長編み
5目の玉編み」を編んだ目に引
き抜き編みを編む。

9 くさり編みを2目編む。

10 2〜9をあと4回くり返す。

11 最後は立ち上がりのくさり編
みを束に拾い針を入れる。

12 糸をかけ、引き抜き編みを編
む。

13 小は裏面を表にする
ので、表面で糸始末
をする。

裏面

no. 25 ボリュームスヌード
P.64

[糸] DARUMA メランジスラブ　コルク(2)210g
[針] かぎ針 10mm
[ゲージ] 模様編み　11目11段＝10cm角

編み方

＊糸は1本どりで編みます。

① くさり編み25目で作り目をし、裏山を拾って1段めを編む。

② 編み図のとおりに133段編んだら、編み終わりの糸は約70cm残してカットする。

③ 中表で半分に折って両端を合わせる。編み終わりの糸をとじ針に通し、最終段の目の頭と作り目の裏山以外の目を全部拾って巻きかがり、表に返す。

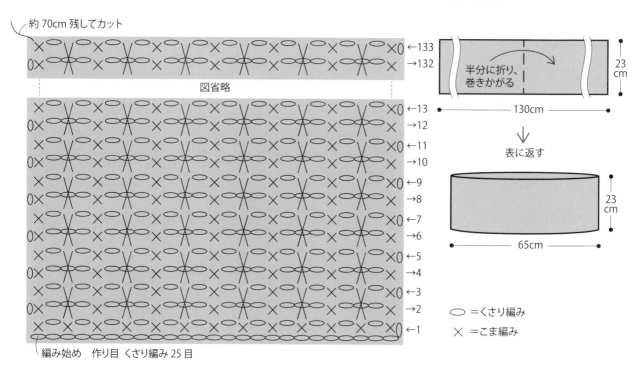

約70cm残してカット

←133
→132

図省略

←13
→12
←11
→10
←9
→8
←7
→6
←5
→4
←3
→2
←1

編み始め　作り目 くさり編み25目

半分に折り、巻きかがる

23cm

130cm

表に返す

23cm

65cm

◯ ＝くさり編み
✕ ＝こま編み

編み方 1、2

1　くさり編み25目で作り目をし、裏山を拾って1段めを編む。編み図のとおりに編み、3段めの立ち上がりのくさり1目まで編んだところ。

2　こま編み1目、くさり編み1目を編む。

【 ✕ 大きいこま編み】

3　1段め3目めのこま編みの頭に針を入れ、糸をかける。

CHECK

編み地がきつくならないよう、糸を引き上げて緩く編みましょう。

4 糸を引き出す。

5 糸をかけて引き抜く。「大きいこま編み」が編めたところ。

6 続けて、編み図のとおりに3段めを編む。

7 編み図のとおり4段めを編み、5段めのこま編み1目、くさり編み1目を編む。

8 3段め3目めの大きいこま編みの頭に、大きいこま編みを編む。

`編み方3`

CHECK

糸は引きすぎず、編み地と同じくらいの緩さで巻きかがりましょう。

9 編み図のとおりに最後まで編む。編み終わりの糸を約70cm残してカットし、編み終わりの糸にとじ針を通す。

10 中表で半分に折って両端を合わせ、最終段の目の頭と作り目の裏山以外の目を全部拾って巻きかがる。

11 糸始末をし、表に返す。

12 できあがり。

no. 26 バイカラートートバッグ
P.65

[　糸　] パピー ヌーボラ　赤（406）80g、グレー（409）65g
[　針　] かぎ針7/0号
[ゲージ] こま編み　17目18段=10cm角

編み方

＊糸は1本どりで編みます。

1 底を編む。グレーの糸でくさり編み14目で作り目をし、13段めまで編む。

2 側面を編む。14段めから増減なしでこま編みを編む。31段めで赤の糸に変え、50段めまで編む。

3 持ち手を編む。51段めから56段めで持ち手を編み、最後はチェーンつなぎをする。

編み方3

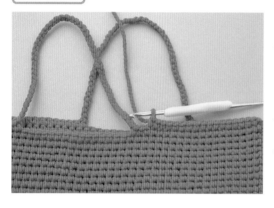

I

51段めはこま編み19目に続いて持ち手になるくさり編み50目を編み、35目めからこま編みを編む。反対側も編み図のとおりに編む。続けて、52段めの17目まで編んだところ。

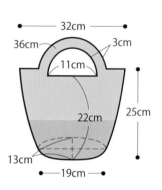

2 51段めの18目に針を入れて、糸を引き出す。

3 1目とばして持ち手のくさり編み1目めの裏山に針を入れ、糸をかけて引き出す。

4 もう一度糸をかけて、一度に引き抜く。

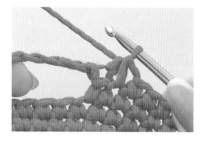

5 18目めと20目めにこま編み2目一度を編んだところ。

6 続けてくさり編みの裏山にこま編みを編む。

7 56段めは引き抜き編みをし、最後はチェーンつなぎをする。

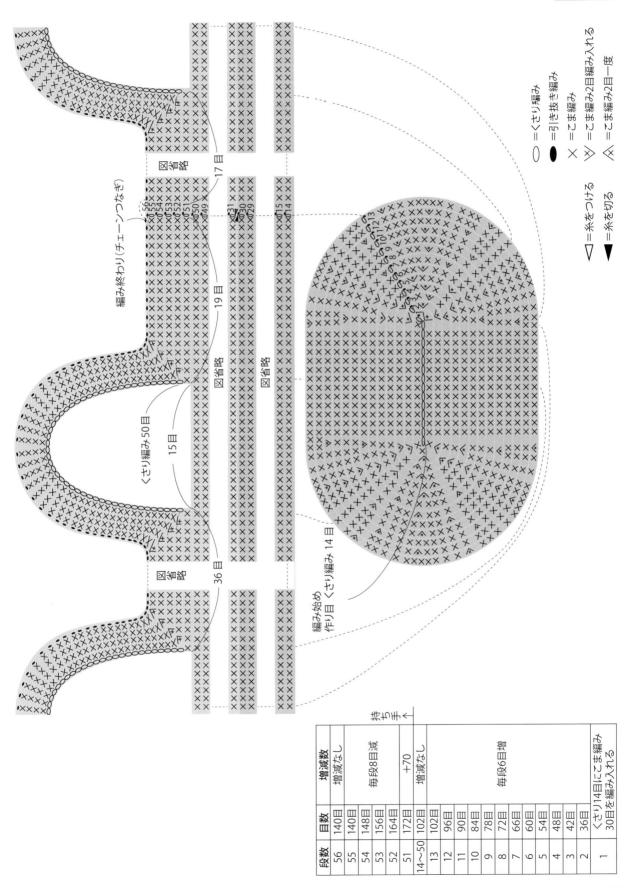

編み終わり(チェーンつなぎ)

17目

15目

19目

36目

編み始め
作り目 くさり編み14目

くさり編み50目

図省略

図省略

図省略

図省略

○ = くさり編み
● = 引き抜き編み
× = こま編み
Ⅴ = こま編み2目編み入れる
Λ = こま編み2目編み一度

◁ = 糸をつける
▶ = 糸を切る

段数	目数	増減数
56	140目	増減なし
55	140目	
54	148目	毎段8目減
53	156目	
52	164目	
51	172目	+70
14〜50	102目	増減なし
13	102目	
12	96目	
11	90目	
10	84目	
9	78目	毎段6目増
8	72目	
7	66目	
6	60目	
5	54目	
4	48目	
3	42目	
2	36目	
1	くさり14目にこま編み30目を編み入れる	

持ち手←

no.27 サークルバッグ
P.66

[糸] ハマナカ エコアンダリヤ　ベージュ(23) 120g
[針] かぎ針7/0号
[ゲージ] 本体中央の模様編み　4段=直径10cm、
　　　　こま編み　16目15段=10cm角

編み方

＊糸は1本どりで編みます。

1 わの作り目をし、編み図のとおりに増し目しながら10段めまで編む。

2 マチを編む。11段めから往復編みでマチを編む。同じものをもう1枚編み、2枚目は糸を切らずに残したままにする。

3 2枚を中表に合わせ、2枚目の糸で引き抜き編みでつなげる。

4 持ち手を編む。編み始めの糸を約70cm残してくさり編み70目で作り目をし、編み図のとおりに編んだら、編み終わりの糸は約130cm残してカットする。外表で半分に折り、編み終わりの糸で向かい合う目を全て拾って巻きかがる。残った糸で本体にとじつける。

5 持ち手の反対側は編み始めの糸端をとじ針に通して本体にとじつける。もう一つの持ち手も同様につける。

持ち手(2枚)

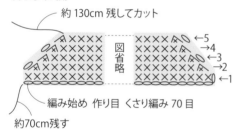

約130cm残してカット
←5
→4
←3
→2
←1
図省略
編み始め　作り目　くさり編み70目
約70cm残す

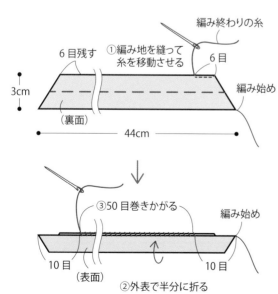

6目残す
①編み地を縫って糸を移動させる
編み終わりの糸
6目
編み始め
3cm
(裏面)
44cm

③50目巻きかがる
編み始め
10目
10目
(表面)
②外表で半分に折る

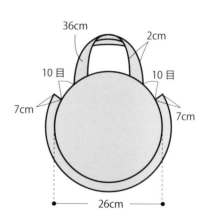

36cm
2cm
10目
10目
7cm
7cm
26cm

本体（2枚）

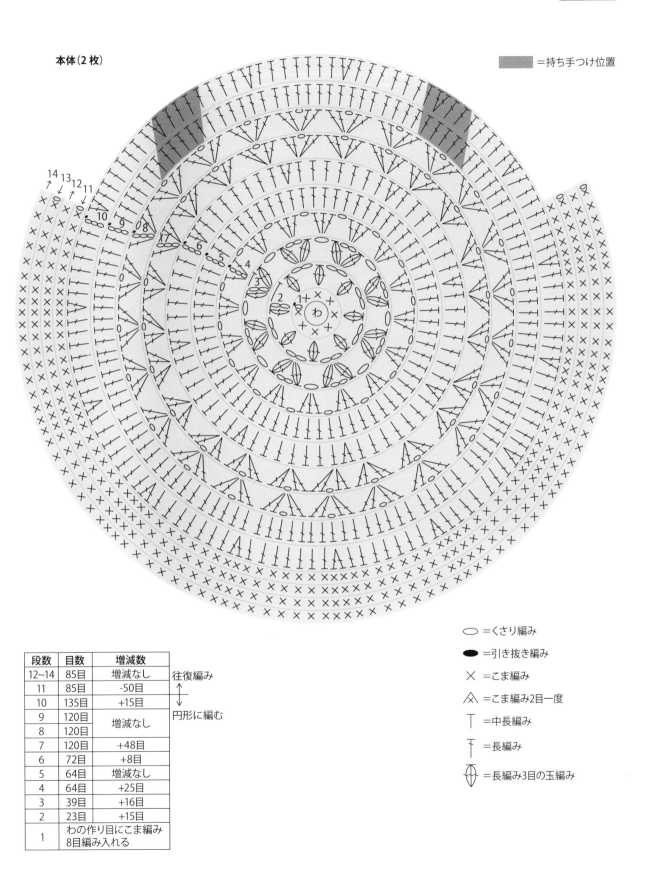

■ =持ち手つけ位置

段数	目数	増減数	
12～14	85目	増減なし	往復編み
11	85目	-50目	↑
10	135目	+15目	↕
9	120目	増減なし	円形に編む
8	120目		
7	120目	+48目	
6	72目	+8目	
5	64目	増減なし	
4	64目	+25目	
3	39目	+16目	
2	23目	+15目	
1	わの作り目にこま編み 8目編み入れる		

○ =くさり編み

● =引き抜き編み

× =こま編み

⋀ =こま編み2目一度

⊤ =中長編み

⊤ =長編み

◈ =長編み3目の玉編み

1 わの作り目にこま編み8目を編み入れ、模様編みで2段めを編む。

2 2段めの最後は糸をかけ、1目めの玉編みの頭に針を入れる。

3 糸をかけて引き出す。

4 針に糸をかけて一度に引き抜き、中長編みを編む。増し目をしながら10段めまで編む。

5 11段めは立ち上がりのくさり1目に続いてこま編みを85目編む。

☑ **CHECK**
11段めから往復編みをする4段が、バッグのマチ部分になります。

6 立ち上がりのくさり1目を編み、編み地を返す。

7 往復編みで14段めまで編む。同じものをもう1枚編み、2枚目は糸を切らずに残したままにする。

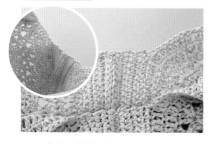

8 本体2枚を中表に合わせ、2枚目の糸で14段めの全ての目を拾い、引き抜き編みでつなげる。糸始末をして表に返す。

9 持ち手を編み、外表で半分に折って、編み終わりの糸で中央の50目分を巻きかがる。残った糸で本体にとじつけ、反対側は編み始めの糸端でとじつける。

10 もう一つの持ち手も同様につけて、できあがり。

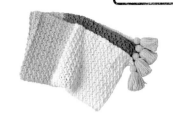

no. 29 | タッセルつきブランケット
P.68

[　糸　] 毛糸ピエロ ソフト・メリノ極太　アイボリー(1)170g、
　　　　 ライトベージュ(2)225g、ブラウン(3)170g
　　　　 毛糸ピエロ　ニーム　オフホワイト(01)40g、
　　　　 ベージュグレー(02)40g、シナモン(03)40g

[　針　] かぎ針10mm

[ゲージ] 模様編み　8.5目11段＝10cm角

糸引き揃え表

	ソフトメリノ極太	ニーム
A	アイボリー (1)	オフホワイト (01)
B	ライトベージュ (2)	ベージュグレー (02)
C	ブラウン (3)	シナモン (03)

編み方

＊糸は2本どりで編みます。

① ソフトメリノ極太とニーム、2種類の糸を引き揃えた2本どりで編む。「糸引き揃え表」**A**の糸でくさり編み54目でゆるめに作り目をし、編み図のとおりに31段めまで編む。

② 32段めで**B**に変え、63段めまで編む。64段めからは**C**に変えて編む。

③ タッセルを作る。ソフトメリノ極太の ライトベージュでタッセルを4つ作り、四隅に結びつける。

タッセルの作り方

1

長さ24cmの厚紙に
糸を25回程度巻きつ
ける。

2

厚紙から糸をはずし、
40cmの糸を半分にして
わの部分をひと結びし
た連結用の糸をはさみ、
別糸でしっかり結ぶ。

3

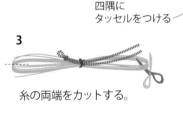

糸の両端をカットする。

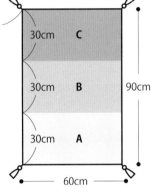

四隅に
タッセルをつける

30cm　**C**

30cm　**B**

30cm　**A**

90cm

60cm

4

連結用の糸を上にし、糸
の束を下にまとめる。

5

根元をくくる糸を60cm
ほどカットし、上図のよ
うに置く。

6

5周程度巻きつける。(※
お好みの回数でOK)

7

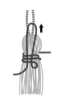

糸が交差している部分を
指で押さえながら上の輪
を引く。

8

上の輪に巻きつけた糸端
を入れる。

9

上下の糸端をそれぞれ
引きながら輪の部分を巻
いた糸の下に隠す。

10

10
cm

糸端をカットする。

P.128へ続く

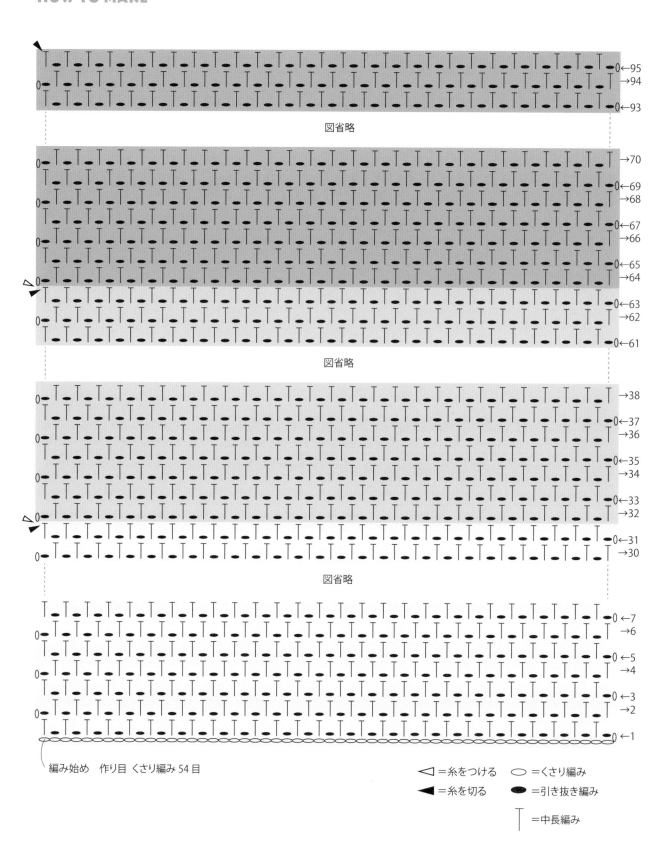

←95
→94
←93

図省略

→70
←69
→68
←67
→66
←65
→64
←63
→62
←61

図省略

→38
←37
→36
←35
→34
←33
→32
←31
→30

図省略

←7
→6
←5
→4
←3
→2
←1

編み始め　作り目　くさり編み 54目

◁ =糸をつける　　○ =くさり編み

◀ =糸を切る　　● =引き抜き編み

T =中長編み

※見やすくするために糸を変えて編んでいます。

1 ソフトメリノ極太とニーム、2種類の糸それぞれ同じ色番号同士を引き揃える。

2 Aの糸でくさり編み54目で作り目をし、立ち上がりのくさり1目を編む。作り目の裏山に針を入れ、糸をかけて引き抜く。

3 1段め1目めの引き抜き編みを編んだところ。

4 次の目の裏山に中長編みを1目編む。

5 引き抜き編みと中長編みをくりかえして、1段めを編む。

6 2段めの立ち上がりの1目を編み、編み地を返す。

7 前段の中長編みの頭に引き抜き編みを編む。

8 次の目に中長編みを編む。

9 7〜8をくりかえして、2段めの端まで編んだところ。

10 糸変えをしながら模様編みで95段めまで編む。タッセルを4つ作り、四隅に結びつけて、できあがり。

no. 31 | 座布団
| P.70

[糸] ハマナカ ボニー
A：山吹（433）90g、ベージュ（417）60g
B：ベージュ（417）55g、茶（483）45g、
アクアブルー（609）40g、薄紫（496）20g
[針] かぎ針8/0号
[ゲージ] 模様編み　4段＝直径9cm

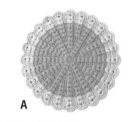 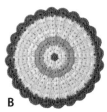

編み方　A　B

編み方

＊糸は1本どりで編みます。
わの作り目をし、編み図のとおりに模様編みで糸変えをしな
がら編む。

編み方 ──────────────────　　　【 中長編み3目の変わり玉編み】

1 わの作り目をし、編み図のと
おりに2段めまで編む。立ち
上がりのくさり3目を編む。

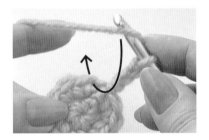

2 糸をかけ、矢印のように2目め
に針を入れる。

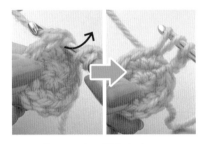

3 糸をかけて引き出す。

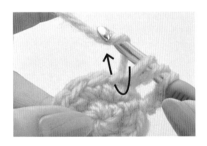

4 もう一度糸をかけて、**2**と同
じ目に針を入れる。

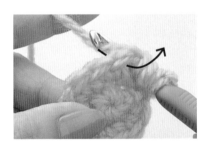

5 糸をかけて引き出す。

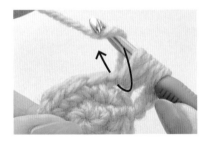

6 もう一度糸をかけて、**2**と同
じ目に針を入れる。

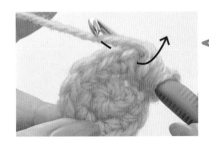

7 糸をかけて引き出す。

☑ **CHECK**
同じ目に未完成の中長編み3
目を編み入れたところ。

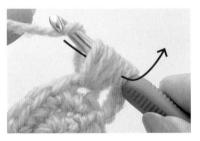

8 針に糸をかけ、矢印のように6
ループを一度に引き抜く。

▶ P.132へ続く

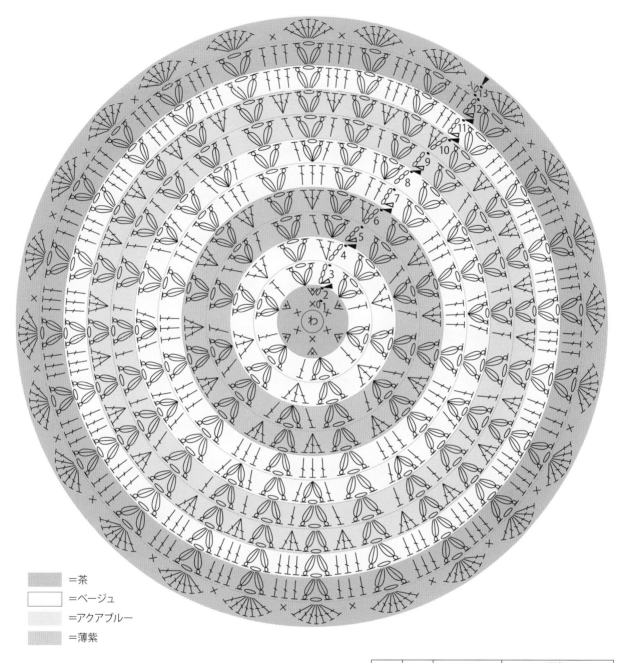

=茶
=ベージュ
=アクアブルー
=薄紫

◁ =糸をつける

◀ =糸を切る

◯ =くさり編み

● =引き抜き編み

✕ =こま編み

Ⅴ =こま編み2目編み入れる

┬ =長編み

◗ =中長編み3目の変わり玉編み

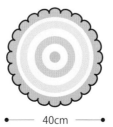

●— 40cm —●

段数	目数	増減数	配色	
			A	B
13	192目	+48目	ベージュ	茶
12	144目	増減なし		ベージュ
11				
10	144目	+48目	山吹	アクアブルー
9	96目	増減なし		
8	96目	+24目		ベージュ
7	72目	増減なし		
6	72目	+24目		薄紫
5	48目	毎段12目増		ベージュ
4	36目			
3	24目			
2	12目	+6目		茶
1	わの作り目にこま編み6目編み入れる			

131

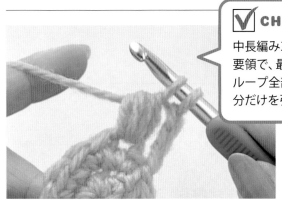

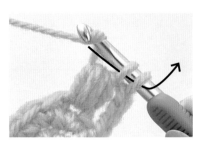

CHECK

中長編み3目の玉編みと同じ
要領で、最後に針にかかった
ループ全部でなく、中長編み
分だけを引き抜きます。

9 針に2ループが
残る。

10 針に糸をかけ、引き抜く。

11 「中長編み3目の変わ
り玉編み」が編めた
ところ。

12 くさり編みを1目編む。

13 2〜11をくりかえし、同じ目
に「中長編み3目の変わり玉編
み」を編む。

14 次の目に長編みを編む。

15 編み図のとおりに模様編みで
3段めを編む。

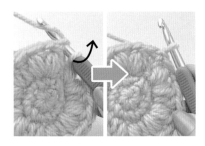

16 最後は立ち上がりのくさり3
目めに引き抜き編みを編む。

17 4段めは立ち上がりのくさり3
目に続いて、前段の立ち上が
りのくさり3目めに長編みを2
目編み入れる。

18 前段のくさりを束に拾い「中
長編み3目の変わり玉編み」、
「くさり編み」、「中長編み3目
の変わり玉編み」を編む。

19 編み図のとおりに模様編みで4段めを編む。

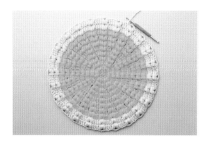

20 編み図のとおりに12段めまで編んだところ。

21 前段2目めの長編みに引き抜き編みを編む。

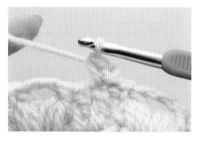

22 立ち上がりのくさり1目を編み、前段2目めの長編みにこま編み1目を編む。

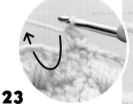

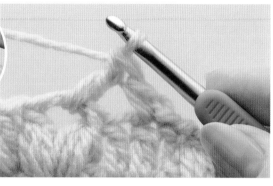

23 前段のくさりを束に拾い長編みを編み入れる。

24 続けて同じところに長編みを6目編み入れ、全部で長編み7目を編んだところ。

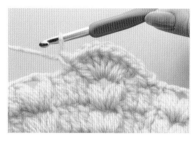

25 前段の長編み3目の真ん中の目にこま編みを編む。

26 こま編み1目、長編み7目をくりかえす。最後は1目めに引き抜き編みを編む。

27 できあがり。

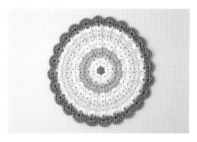

Bは段数表の配色のとおりに糸変えしながら編む。

no. 30 ｜ ルームシューズ
| P.69

[糸] パピー プーリー
　　　　A:ナチュラル(102) 160g
　　　　B:青(107) 160g
[針] かぎ針 8mm
[ゲージ] こま編み　10目9段＝10cm角
　　　　模様編み　8目7段＝10cm角

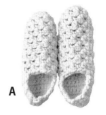 A
 B

編み方

＊糸は1本どりで編みます。

1　つま先から編む。わの作り目をし、増し目をしながらこま
　編みで3段、模様編みで4〜12段めを編む。

2　かかと部分を編む。13段めからこま編みの往復編みで19
　段めまで編む。編み終わりの糸は約35cm残してカットする。
　編み終わりの糸をとじ針に通し、中表で半分に折り19段め
　の目の頭を拾い、巻きかがる。かかと部分を表に返す。

◯＝くさり編み
⬤＝引き抜き編み
✕＝こま編み
✕̲＝こま編みのすじ編み
𝖳＝長編み
人＝こま編み2目一度
木＝こま編み3目一度

約35cm
残してカット

段数	目数	増減数	
19	9目	-2目	往復編み↑↓円形に編む
18	11目	-2目	
14〜17	13目	増減なし	
13	13目	-5目	
4〜12	18目	増減なし	
3	18目	毎段6目増	
2	12目		
1	わの作り目にこま編み6目編み入れる		

※立ち上がりは1目と数えない

かかと側

つま先側

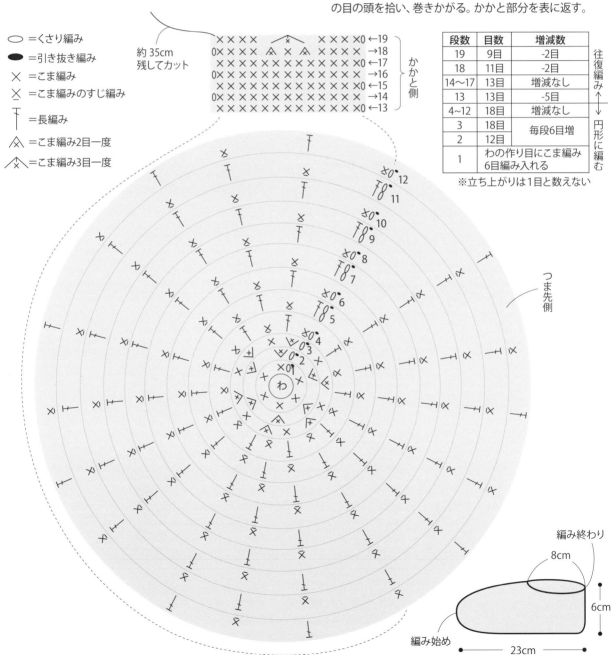

編み終わり
8cm
6cm
編み始め
23cm

編み方 1

1 わの作り目にこま編み6目を編み入れ、増し目をしながら3段編む。

Point 『編み始め』
足の入れ口からではなく、つま先から編みます。ここから筒状に編んでいくので、3段編んだところで編み始めの糸端を糸始末しておきましょう。

2 4段めの立ち上がりのくさり1目を編み、前段の1目めの奥半目に針を入れる。糸をかけて、こま編みを編む。

3 こま編みのすじ編みが編めたところ。

4 針に糸をかけて次の目に針を入れて、長編みを編む。

5 こま編みのすじ編みと長編みをくりかえして4段めを編む。

6 5段めの立ち上がりのくさり2目を編む。このくさり2目は1目と数えない。続けて前段の1目めに長編みを編む。

7 次の目の奥半目にこま編みのすじ編みを編む。

Point 『模様編み』
前段のこま編みのすじ編みの上に長編み、長編みの上にこま編みのすじ編みと互い違いになることで、きれいな模様になります。

8 長編みとこま編みのすじ編みをくりかえし、最後は1目めの長編みに引き抜き編みを編む。

9 4、5段めをくりかえし、12段めまで編んだところ。

編み方 2

> ✓ CHECK
> 編まない残り5目が足の入れ口、シューズの甲の部分になります。

> ✓ CHECK
> 13段めから19段めは往復編み。ここがかかと部分になります。

10 13段めから17段めは往復編みでこま編み13目を編む。

11 17段めまで編み、18段めの立ち上がりのくさり1目を編んで、編み地を返す。

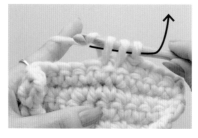

12 こま編み4目を編む。

13 2目続けて糸を引き出し、糸をかけて一度に引き抜くと、こま編み2目一度が編める。

14 編み図のとおりに減らし目をしながら18段めを編む。

15 編み図のとおりに19段めを編み、編み終わりの糸は約35cm残してカットする。

16 残した糸をとじ針に通す。中表でかかと部分を半分に折り、向かい合う目の頭を全部拾って巻きかがる。最後の1目が角になる。

17 内側で糸始末をする。同じものをもう一足編む。

18 できあがり。

> ✓ CHECK
> ゲージを参考に編むと23cmサイズで編み上がります。履いているうちに伸びてくるので、少し小さめに仕上げましょう。

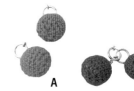

no. 32 ニットボールのイヤリング
P.72

[糸] DARUMA iroiro　**A**：チェリーピンク（38）5g
　　　　　B：マリンブルー（14）5g
[針] かぎ針5/0号
[その他] 手芸綿（ハマナカ ネオクリーンわたわた）各6g、
　　　　　フープイヤリング（11mm）各2個、
　　　　　丸カン（0.8×5mm）各2個

編み方

＊糸は1本どりで編みます。

① わの作り目をし、それぞれ編み図のとおりに編む。手芸綿を詰め、とじ針を使ってしぼり止めする。

② 編み終わりの部分に丸カンを通し、フープイヤリングをつける。同じものをもう一つ作る。

金具をつける
とじる前に綿を詰める
イヤリング
丸カン
← 2cm →
2個作る

段数	目数	増減数
8	6目	-6目
7	12目	-6目
6		
5	18目	増減なし
4		
3	18目	+6目
2	12目	+6目
1	わの作り目にこま編み6目編み入れる	

○ ＝くさり編み　　× ＝こま編み
● ＝引き抜き編み　V/ ＝こま編み2目編み入れる
　　　　　　　　　 /\ ＝こま編み2目一度

小
約20cm残してカット

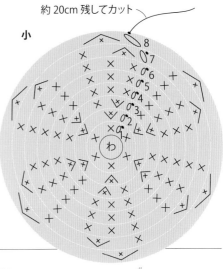

編み方1　※見やすくするために糸を変えて編んでいます。

1 わの作り目をし、編み図のとおりに編む。編み終わりの糸を約20cm残してカットする。

2 手芸綿を詰める。

☑ CHECK
竹ぐしやピンセットなど先の細いものを使うと、きれいな形に詰まります。

3 編み終わりの糸をとじ針に通し、1目めから順に頭全部を拾って1周かがる。

4 引き絞る。

5 1目めに針を入れ、本体の中を通して針を出す。

6 もう一度本体の中を通して、糸端をカットする。

no. 33 ニットボールのリース
P.73

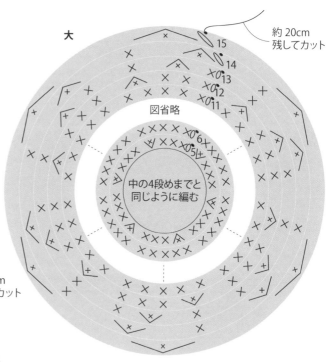

A　B

[糸] DARUMA iroiro　中：7g、大：8g
　　　糸色、量は「ニットボール個数」参照

[針] かぎ針5/0号

[その他] 手芸綿（ハマナカ ネオクリーンわたわた）
　　　中：4g、大：6g、リボン（紺 1cm 幅、茶 1.5cm
　　　幅）50cm 各1本、銅線（0.7mm）45cm 各1本、
　　　ひも 20cm 各1本

作り方

P.137を参考にして、ニットボールを指定の個数編む。
図の順番でニットボールの中心に銅線を通し、10個
つなげたら銅線の両端をしっかりとねじって止める。
指定の位置に紐をつけ、リボンを結ぶ。

ニットボール個数

糸色	糸番号	A	B
マッシュルーム	（2）	中1	大1、中1
レンガ	（8）	中1	
マリンブルー	（14）		中1
ラムネ	（22）	中1	大1、中1
緑	（23）	大2、中1	
カナリヤ	（29）		大1、中1
赤	（37）	大1	
チェリーピンク	（38）		中1
フラミンゴ	（39）	中1	
ダークグレー	（48）	大1、中1	大1、中1

大

図省略

中の4段めまでと
同じように編む

約 20cm
残してカット

15
14
13
12
11
6
5

中

図省略

P.137の小の
3段めまでと
同じように編む

約 20cm
残してカット

11
10
9
8
5
4

段数	目数	増減数
15	6目	-6目
14	12目	-6目
13	18目	-6目
12	24目	-6目
6〜11	30目	増減なし
5	30目	+6目
1〜4	中と同じように編む	

段数	目数	増減数
11	6目	-6目
10	12目	-6目
9	18目	-6目
5〜8	24目	増減なし
4	24目	+6目
1〜3	小と同じように編む	

◯ ＝くさり編み
● ＝引き抜き編み
× ＝こま編み
Ｖ ＝こま編み2目編み入れる
Λ ＝こま編み2目一度

中

●—2.5cm—

大
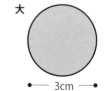
●—3cm—

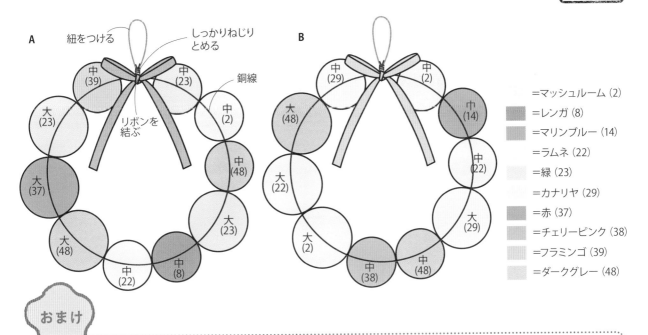

A

紐をつける　しっかりねじりとめる
リボンを結ぶ
銅線

中(39)　中(23)
大(23)
中(2)
中(48)
大(37)
大(48)
大(23)
中(22)　中(8)

B

中(29)　中(2)
大(48)
大(22)
中(14)
大(2)
中(22)
大(29)
中(38)　中(48)

=マッシュルーム（2）
=レンガ（8）
=マリンブルー（14）
=ラムネ（22）
=緑（23）
=カナリヤ（29）
=赤（37）
=チェリーピンク（38）
=フラミンゴ（39）
=ダークグレー（48）

おまけ

ポンポンブローチ

三角ショールと同じ糸で作ったポンポンブローチ。
ショールやスヌード、ニット帽など、どこにでもつけられて、かわいい！

[　糸　] DARUMA チップスパイラル
　　　　ホワイトベース（1）40g
[　針　] かぎ針9/0号
[その他] 手芸用接着剤、ブローチピン（35mm）×1個、
　　　　縫い針、縫い糸（白）少々
[ゲージ] こま編み　4段=5cm

編み方

＊糸は1本どりで編みます。

1 ブローチ台を編む。わの作り目をし、編み図のとおりに4段編む。

2 縫い針で裏面にブローチピンを縫いつける。

3 カットした厚紙に毛糸を170回巻いてポンポンを作り、ブローチ台に手芸用接着剤で貼りつける。

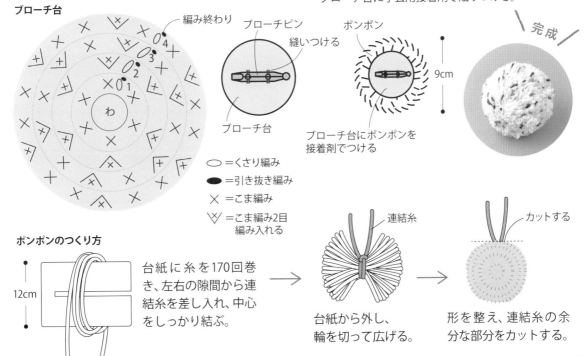

ブローチ台

編み終わり
4
3
2
1
わ

ブローチピン
縫いつける
ブローチ台

ポンポン
9cm
ブローチ台にポンポンを接着剤でつける

〜完成〜

○=くさり編み
●=引き抜き編み
×=こま編み
\\/=こま編み2目編み入れる

ポンポンのつくり方

12cm

台紙に糸を170回巻き、左右の隙間から連結糸を差し入れ、中心をしっかり結ぶ。

連結糸

台紙から外し、輪を切って広げる。

カットする

形を整え、連結糸の余分な部分をカットする。

引き抜き編み

目に針を入れ、糸をかけ引き抜く。

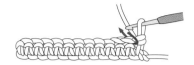
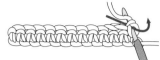

くさり編み

かぎ針に糸を巻きつけ、糸をかけ引き抜く。

こま編み

目に針を入れる。　　糸をかけて引き出す。　　糸をかけて2ループを引き抜く。

中長編み

針に糸をかけ、目に針を入れる。　　糸をかけて引き出す。　　糸をかけて3ループを一度に引き抜く。

長編み

針に糸をかけ、目に針を入れて
糸をかけて引き出す。　　糸をかけて引き抜く。　　糸をかけて引き抜く。

こま編みのすじ編み

前段の目の奥半目に針を入れ、こま編みを編む。

中長編みのすじ編み

前段の目の奥半目に針を入れ、中長編みを編む。

 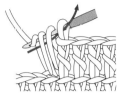

バックこま編み

編み地の向きはそのままで、左から右へこま編みを編み進める。

    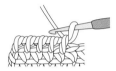

こま編み2目編み入れる

同じ目にこま編み2目を編み入れる。

 ### こま編み3目編み入れる

「こま編み2目編み入れる」の要領で、同じ目にこま編み3目を編み入れる。

   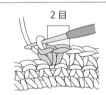

こま編み2目一度

1目めに針を入れ糸をかけて引き出す。これを未完成のこま編みという。
次の目に針を入れ糸をかけて引き出し、3ループを一度に引き抜く。

  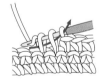 

こま編み3目一度

未完成のこま編みを3目編み、針に糸をかけ一度に引き抜く。

 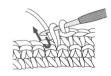 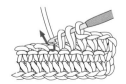 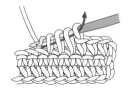 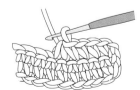

長編み 2 目編み入れる
同じ目に長編み 2 目を編み入れる。

長編み 3 目編み入れる
同じ目に長編み 3 目を編み入れる。

長編み 2 目一度
矢印の位置に未完成の長編みを 2 目編み、糸をかけ一度に引き抜く。

長編みの表引き上げ編み
前段の目の足を手前からすくい、長編みを編む。

中長編み 3 目の玉編み
同じ目に未完成の中長編み 3 目を編み入れ糸をかけ一度に引き抜く。

  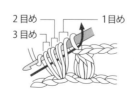 

2 目め　　1 目め
3 目め

中長編み3目の変わり玉編み

中長編み3目の玉編み同様、未完成の中長編みを同じ目に3目編み入れる。
糸をかけ矢印のように引き抜き、さらに糸をかけ残りを引き抜く。

 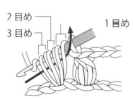  

長編み3目の玉編み

同じ目に未完成の長編み3目を編み、糸をかけ4ループを一度に引き抜く。

チェーンつなぎ

編み終わりの目の糸を引き出し、とじ針で編み始めの目に通す。最後の目の頭に手前から針を入れて奥に出し、裏面で糸始末をする。

モチーフのつなげ方

巻きかがり（半目の場合）

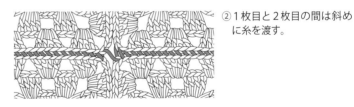

② 1枚目と2枚目の間は斜めに糸を渡す。

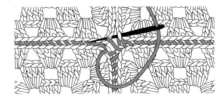

③ もう1辺も①の要領ではぎ合わせる。角は②と同じ目をすくう。

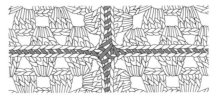

④ つなぎ合わせた表側は角をクロスに渡す。

① 編み地の表面を上にしてつき合わせ、手前と向こう側の角の目にとじ針を入れ、内側の半目をすくい1目ずつ巻きかがる。2枚目の角の目をすくい、はぎ合わせる。

LiLi nana*

小さな頃から母や叔母、祖母の影響からハンドメイドが身近に
ある環境で育つ。特にかぎ針編みが好きだったのをきっかけに、
2017年にかぎ針編みのYouTubeを開設。2023年春チャンネル
登録者数20万人突破。今はYouTubeを中心に活動中。

https://www.youtube.com/@LiLinana

編集	武智美恵	
デザイン	伊藤智代美	
撮影	サカモトタカシ、福島陽太	
編集協力	武内マリ	
トレース	小池百合穂	
校正	Rikoリボン	
製作協力	遠山美沙子	
ヘアメイク	福留絵里	
モデル	比良田朱里（SHREW）	

素材協力　後正産業株式会社
https://www.gosyo.co.jp

株式会社ダイドーフォワード　パピー
http://www.puppyyarn.com/shop/
TEL 03-3257-7135

ハマナカ株式会社
TEL 075-463-5151（代）
http://www.hamanaka.co.jp

横田株式会社　DARUMA
http://www.daruma-ito.co.jp/
TEL 06-6251-2183（代）

◎材料の表記は2023年10月現在のものです。
◎印刷物のため、作品の色は実物と多少異なる場合があります。ご了承ください。
◎本書に掲載されている作品・図版を商用利用（販売・展示など）することは禁じられています。

太めの糸だから
はじめてでもスイスイ&かわいい
かぎ針編み小物

2023年11月15日発行　第1版
2024年 9月30日発行　第1版　第4刷

著　者	LiLi nana*
発行者	若松和紀
発行所	株式会社 西東社
	〒113-0034　東京都文京区湯島2-3-13
	https://www.seitosha.co.jp/
	電話　03-5800-3120（代）

※本書に記載のない内容のご質問や著者等の連絡先につきましては、お答えできかねます。

ISBN 978-4-7916-3273-2